Cómo encontrar Gozo

Cómo encontrar Gozo

*Cómo crear
patrones de vida
para una
existencia
gozosa*

SERIE PRESENTADA POR
Jill Briscoe

CÓMO ENCONTRAR GOZO
Patrones para una vida gozosa

© 2005 Editorial Patmos, Miami Florida, EE. UU.

Publicado en inglés por NexGen, una división de Cook Communication Ministries y Kingsway Communications.
© 2003 por Just Between Us magazine

Reservados todos los derechos.

Traducido al español por Silvia Cudich

A menos que se indique lo contrario, las citas bíblicas se toman de la Santa Biblia, Nueva Versión Internacional (NVI). © 1999 por la Sociedad Bíblica Internacional.

ISBN: 1-58802-295-1
Categoría: Mujeres

índice

Una nota de Jill Briscoe vi
Jill Briscoe

1. El rostro de la alegría 9
   Mel Laurenz

2. Aprendiendo a entonar nuevamente la canción de la alegría .. 15
   Jill Briscoe

3. La invasión de los que nos arrebatan el gozo 29
   Stacey Padrick

4. Cómo encontrar gozo cuando nos abaten las tormentas de la vida 39
   Shelly Esser

5. ¿Cuál es mi historia? 45
   Deborah Lisko, Lori Willis y Rosemarie Davis

6. Un sondeo más profundo: Cómo encontrar gozo 55
   Elizabeth Greene

7. El relato de la moneda mutilada 59
   Jackie Oesch

8. El rincón de los consejos: El ministerio de presencia 65
   Ingrid Lawrenz, MSW

9. Cómo dejar un legado espiritual 71
   Jackie Katz

Una nota de Jill Briscoe

Queridas amigas:

Años atrás, un joven que conocimos en las calles de Europa encontró a Cristo. Unos meses después, él se puso de pie para testificar sobre la nueva fe que había encontrado. «Me he estado escapando de Dios durante años», dijo, «¡pero he descubierto que él tiene piernas más largas que yo!

Uní el pensamiento a estas palabras:
La pena nos enterraría
Porque la pena es el sepulturero.
El gozo es Jesús
Jesús es el vencedor
Que vence al sepulturero
¡Quien viste a nuestro espíritu con ropas de alabanza!

El gozo es Jesús
Dios en vestiduras galileas
Tocando nuestras vidas
¡Ofreciéndonos vivir!
Y haciendo que nuestros corazones se sonrían.
No traten de escaparse
Del Señor
¡Recuerden que él tiene piernas más largas que las de ustedes!

Si el gozo es Jesús, entonces de eso se deduce que cuanto mejor lo conocemos tanto más gozo experimentaremos. El gozo es, como alguien dijo: «la infalible evidencia de la presencia de Dios».

Así que, cuando sopla el viento y comienza la noche oscura, el gozo nunca deja de ser gozo. Permanezcan cerca;

una nota de jill briscoe

estén seguras de que no existe nada entre ustedes y nuestro Salvador, y vuestras almas sobrevivirán la tormenta.

Ya que este libro se concentra en el *gozo*, pensé en algunas afirmaciones que nos ayudarían a pensar aún más sobre el gozo en nuestra propia vida.

Una de las mayores causas de gozo es saber que hemos sido justificadas. O sea que Dios nos acepta «como si nunca hubiéramos pecado». También nos debe alegrar el saber que la gente común y corriente experimenta gozo también. No se limita a los súper santos.

Y, por último, el gozo nos mantiene jóvenes, ya que es el secreto de la felicidad. Cuando baja el cielo e invade nuestras almas en la persona de Jesús, es imposible negar el gozo que sentimos.

Recuerdo cuando me encontraba un día sentada sola junto al fuego del hogar en una pequeña casita en Inglaterra. Mi esposo se había ido en un viaje de negocios de tres meses, y mi papá había sido diagnosticado con cáncer. Nuestra hija se había caído de un burro y se había roto el brazo, y yo me había contagiado las paperas de nuestros niños. Estaba intentando sentir lástima por mí misma, pero no lo lograba. Había demasiado gozo iluminando mi corazón. Jesús estaba allí. Se acercó y me prometió que «nunca me dejaría y que jamás me abandonaría». ¡Qué gozo infinito!

¡Les deseo que puedan conocerlo en toda la plenitud de su gozo!

Disfruten este libro.

Jill Briscoe

capítulo uno

El rostro de la alegría

Cómo desarrollar un modelo para una vida feliz.

Mel Lawrenz

Hace unos pocos meses, mi hijo de doce años y yo invadimos un parque de diversiones para pasar un día y medio extenuante allí. Él estableció el ritmo, así que corríamos prácticamente de una atracción a otra. Empapados por los juegos acuáticos, nauseabundos por los juegos de caídas súbitas, y simplemente entusiasmados por los juegos de aventuras, apenas paramos para comer y por cierto, no lo hicimos para descansar. Yo necesitaba pasar tiempo a solas con mi hijo, y la diversión de un gran parque de diversiones fue un magnífico recreo para ambos.

Pero la verdadera alegría no se encontraba en la diversión. El verdadero gozo me sobrevino cuando lo miré en el camino a casa, con los auriculares pegados a sus orejas, una mirada algo atontada, y los párpados cayendo lentamente a pesar de todos sus esfuerzos por permanecer despierto hasta el último momento. El gozo no provino del *hacer* algo divertido con mi hijo, sino del saber que, a través de nuestra relación mutua, se había revelado un poco de la grandeza de Dios.

sólo entre nosotras

Podemos disfrutar un viaje a un lugar nuevo, un día tibio de sol, o una velada placentera con amigos. Disfrutamos cuando una comida realmente exquisita estimula nuestras papilas gustativas o cuando sentimos el olor del mar. Pero el verdadero gozo es un estado del alma. Es algo que llega gracias a una comprensión de la vida que se ha desarrollado durante un largo período de tiempo: un esquema de conclusiones pacíficas.

La Biblia habla de estar «llenos» de gozo, y eso tiene mucho que ver con vivir una vida llena de Dios. Cuando Dios nos ayuda a darnos cuenta de cómo ha colmado nuestra vida, allí es cuando sentimos la plenitud del gozo. El gozo es confianza, certidumbre, valentía y sumisión. Está relacionado con el arreglo de cuentas con Dios, entendiendo qué es lo que podemos hacer y qué no, y con el creer finalmente que la clave de la vida es abrir los ojos y ver lo que Dios está haciendo a nuestro alrededor. De qué otra manera podría un hombre que se encuentra en una prisión a punto de ser ejecutado decir: «Alégrense siempre en el Señor. Insisto: ¡Alégrense!» (Filipenses 4.4).

> **Palabras de ánimo**
>
> "*El* honor más grande que le podemos ofrecer al Dios Todopoderoso es vivir con gozo y alegría porque poseemos el conocimiento de su amor".
>
> **–Juliana de Norwich–**

Más que la alegría, mucho más que el placer, el gozo es un saborear el conocimiento de Dios. Es una especie de anhelo, un hambre espiritual que nos satisface aun cuando estemos hambrientos de él. Es por eso que el Salmo 34.8 dice: «Prueben y vean que el Señor es bueno». Dios no nos invita a admirarlo desde lejos, o a percibirlo como una serie de principios como una constitución preservada en pergaminos amarillentos. Él dice: «Prueben». En otras palabras, debemos experimentar lo que él es

el rostro de la alegría

y lo que él hace. Es por esa razón también que Jesús dijo «tomen y coman», «tomen y beban». Él desea que su propia bondad penetre profundamente en nosotros.

De modo que, ¿qué podemos hacer para que el gozo se convierta en una característica de nuestro carácter? Pensemos en las siguientes ideas:

Permitamos que el gozo ocurra, en vez de buscarlo por el gozo en sí. El gozo no proviene de la nada. Es el estado de nuestro corazón que se acrecienta cuando han tenido lugar diversas experiencias de la bondad y de la gracia de Dios.

Disfrutemos cada placer que sea un don de Dios. C. S. Lewis dijo: «Dios nos susurra en nuestros placeres, y nos grita en nuestro dolor».

Recibamos todos los dones de Dios con gratitud. Decir a Dios «gracias» varias veces a la semana es una manera de abrir nuestros ojos para ver cuántas bendiciones ha vertido sobre nosotros. Sabemos darle gracias por los alimentos, pero no lo hacemos después de una buena conversación con una amiga, un momento de adoración, una noche de descanso, un día de trabajo, o después de un rato en oración. La gratitud engendra gozo.

¡Celebremos! El Antiguo Testamento tiene al menos una docena de diferentes raíces de palabras que significan gozo (por ejemplo: regocijarse, alborozarse, cantar a viva voz y gritar). Deberíamos expresar gozo con regularidad, sobre todo mediante una apasionada adoración pública.

Debemos complacernos en las cosas elevadas que complacen a Dios. El gozo de la creación es una cosa, pero debemos anhelar las excelentes cualidades morales de Dios que él desea inculcar en nosotros. Filipenses 4.8 dice: «Por lo demás, hermanos, todo lo que es verdadero, todo lo honesto, todo lo justo, todo lo puro, todo lo amable, todo lo que es de buen nombre; si hay

sólo entre nosotras

virtud alguna, si algo digno de alabanza, en esto pensad» (RVR60). Ésas son las cosas que le complacen a Dios. Cada vez que las veamos, deberíamos aplaudirlas con toda vehemencia, y además deberíamos tomarnos el tiempo a diario para «pensar en ellas».

Cuando llegan el dolor y las pruebas, debemos tener en cuenta la realidad. La Biblia dice: «Hermanos míos, tened por sumo gozo cuando os halléis en diversas pruebas» (Santiago 1.2 RVR60). Otra traducción lo dice de la siguiente manera: «Cuando lleguen las pruebas, permítanles ser una oportunidad para el gozo». Sin embargo, ¿cómo puede Dios esperar que nos regocijemos cuando lo que deseamos es gritar? La Biblia nunca nos ordena «ser felices». Sobre el monte Sinaí, Dios no dijo: «Tendrás siempre una sonrisa en tu rostro». La felicidad, como todas las emociones, va y viene. Lo que dice Santiago 1.2 es que cuando estemos al borde de la navaja, teniendo que tomar decisiones difíciles, cuando pasemos por pruebas o pérdidas o decepciones, tenemos que detenernos y tomar seriamente en cuenta toda la realidad de manera espiritual. Dios es aún real. Su gloria y bondad no han disminuido. El pasar por una prueba puede parecernos como caminar por la noche más oscura. Pero el sol nunca deja de brillar. Nunca deja de ser lo que es. Y debido a ello, la noche siempre habrá de ser empujada por la luz del día, cuando llegue el momento de hacerlo.

No debemos sabotear la posibilidad de disfrutar de la bondad de Dios con el uso indebido de drogas, las cuales estropean totalmente todas nuestras percepciones. No debemos estar tan preocupados por lo material que no quede espacio libre para disfrutar a Dios ni tampoco para nada que sea espiritual. Debemos tomarnos el tiempo para leer la Biblia y toda otra literatura que posea sustancia. Encontremos el tiempo necesario para estar en contacto con la naturaleza, donde

el rostro de la alegría

podamos ver la exhuberancia de Dios. Oremos de manera tal que pongamos todas nuestras cargas delante de Dios.

Hagamos que Cristo sea el centro de nuestro gozo. En el Nuevo Testamento, Jesús era la fuente principal de gozo. Su presencia era el gozo de María, los ángeles, los pastores, los magos. Ingresó por última vez a Jerusalén rodeado por el regocijarse de la gente, y el tercer día después de su muerte, «ellas, saliendo del sepulcro con temor y gran gozo, fueron corriendo a dar las nuevas a sus discípulos» (Mateo 28.8 RVR60). Por cierto, no fue la última vez que alguien se sorprendió al encontrar gozo y temor ocupando el mismo espacio, y de alguna manera, definiéndose el uno al otro.

Practique esto

*E*ntre su despertar a la mañana y su ida a la cama a la noche, encuentre por lo menos cinco oportunidades durante el día para decirle a Dios: «Me regocijo porque...»

Para conversar en un pequeño grupo:

1. Hagan un estudio de la palabra «gozo» en el Nuevo Testamento.

2. Hablen sobre algunas cosas que les brinden una experiencia de gozo pasajero, pero que las dejen menos contentas que antes.

3. Describan algo en su vida a lo que han regresado vez tras vez que les haya producido una sensación de gozo. ¿Por qué ocurrió eso?

4. Relaten momentos de su vida en que no poseían absolutamente ningún gozo.

5. ¿Qué significa «regocijarse» aun cuando no tengamos ninguna conciencia de gozo?

capítulo dos

Aprendiendo a entonar
Nuevamente la Canción
de la alegría

Jill Briscoe

¿Ha perdido su gozo? ¿Siente que ha pasado mucho tiempo desde la última vez que el Señor tocó las cuerdas de su ser interior?

El pueblo de Israel se sentía así. Estaban cautivos en Babilonia. El pueblo de Dios estaba compuesto por refugiados por coerción, esclavos de crueles amos. Estaban lejos de casa y tenían a sus malos recuerdos como compañeros.

Los babilonios eran un grupo de gente muy difícil de lidiar, así como lo son hoy día. Representan al mundo perdido, un tercio de nuestro mundo, nos dicen, que nunca ha escuchado tales cosas como una relación con un Dios santo por medio de la obra redentora de Cristo por ellos.

Los babilonios en las vidas de los israelitas no eran solamente duros sino también cínicos. «Vamos, cántennos una de las canciones de Sión», les decían burlonamente. No se sorprendían ni un poquito cuando los israelitas les respondían amargamente> «¿Cómo podemos entonar las canciones del Señor en una tierra extranjera?» Sus arpas, que antes solían entonar las canciones de Sión, colgaban silenciosas de los

sólo entre nosotras

árboles junto al río, donde acampaban los cautivos.

Por supuesto, los babilonios sabían que la gente no tenía ganas de cantar después de haber visto cómo asesinaban a sus padres, saqueaban sus casas, y golpeaban la cabecita de los infantes contra los adoquines. ¿Quién va a sentir ganas en una situación semejante para entonar una canción?

Pero luego lo escucharon. *Un arpa*. ¡Un hombre anciano con fuego en los ojos estaba cantando! Estaba cantando una de las canciones de Sión. Era una hermosa canción, una canción de consuelo y de esperanza. Una canción sobre un Pastor que dulcemente lleva a las ovejas con cría. Una canción sobre la eternidad y un Dios que habita en ella, que es su dueño, y que está ofreciendo compartirla con todos aquellos que desean poner su fe en él.

¿Quién era este anciano? Era uno de los músicos del templo de Israel; ellos, como los otros refugiados, estaban también lejos de su casa. Estaban sentados junto a los ríos de Babilonia con el resto de los cautivos. Pero eran diferentes a ellos por una razón muy importante.

Si pudiéramos regresar al pasado y observar con cuidado, veríamos que cada árbol a la vista estaba adornado con arpas, *excepto* aquellos bajo los cuales descansaban estos músicos después de un día de ardua labor de esclavos. ¡Allí estaban, con el arpa en la mano, entonando canciones! Cantaban un mensaje tomado de los escritos del profeta Isaías al pueblo descorazonado de Dios.

Los babilonios deben de haber pensado que ellos jamás habían escuchado canciones tan bellas en toda su vida. Los hacía anhelar algo, no estaban seguros de qué, algo que poseían esos hombres santos entre los cautivos de Israel que ellos no poseían y que el resto de los esclavos israelitas no parecían disfrutar.

...la canción de la alegría

Ahora sabemos qué es lo que eso era, ¿no es así? Sabemos que Israel había perdido contacto con la fuente de vida y de gozo: Dios mismo. El escritor de las palabras que ahora entonaban los músicos del templo había aprendido a *esperar*. La canción trataba sobre esperar al Señor quien suple todas nuestras necesidades—tener gozo en la vida y ser una bendición al mundo, tanto a los creyentes como a los no creyentes. Ahora, las palabras de Isaías, escritas en el pasado, estaban trayendo bendición a un presente doloroso para los cautivos que estaban junto a las aguas del dolor.

Los babilonios escuchan

Hoy día, los babilonios seguramente nos escuchan de la misma forma en que los escuchaban a los músicos del templo. Observan a aquellos de nosotros que profesamos amar a Dios. Ven como mueren nuestros esposos y esposas, como se rebelan nuestros hijos. Ven cómo nos enfermamos al igual que se enferman ellos. Observan cómo perdemos nuestros empleos, somos desplazados, recibimos pensiones de la asistencia social, o nos maltratan. Y la forma en que respondemos al sufrimiento predica un sermón mucho más poderoso que toda retórica religiosa o de calidad impecable.

Los israelitas tuvieron una increíble oportunidad de usar la presión de sus circunstancias para esperar al Señor. Sus vidas podrían haber sido un púlpito viviente desde el cual Dios hubiera podido predicar y enseñar y alcanzar a su mundo perdido. ¡Pero véanlos y escúchenlos! Observen su lenguaje corporal, sus rostros exhaustos, sus bocas con un gesto de amargura. Su devoción se había secado—no hablaban, no cantaban, no amaban, no tenían ya esperanza. Son músicos desafortunados que han perdido su instrumento y toda esperanza.

sólo entre nosotras

Primero de todo, necesitan consuelo y estímulo. Luego necesitan un desafío antes de poder ser usados para bendecir y ayudar a los babilonios. Y los hombres con fuego en sus ojos lo sabían. Ellos dicen: «Tenemos un mensaje para ustedes: *Esperen en el Señor*». Ésa es la respuesta; ése es el secreto. En la sala de espera de Dios hay gozo; se encuentra gozo, se encuentra *fuerza.*

Dios es el constructor y el hacedor de dicho palacio interior. Hay un lugar adentro de nosotros donde él esta esperando que nosotros esperemos—que esperemos, que tengamos esperanza, que busquemos y que pongamos nuestras cargas en él. Esta sala de espera interior es el lugar donde intercambiamos nuestra debilidad por su poder; donde le permitimos tocar las cuerdas de nuestra vida.

¿Está usted en la sala de espera de Dios? ¿Qué aguarda? ¿Que se componga su matrimonio, que un hijo le dé algún indicio, aunque pequeño, que le indique que le *agrada* pertenecerle a usted? ¿Un empleo, una casa propia, reconciliación? ¿Concebir o dar luz a un bebé? ¿O está quizás esperando en la «tierra donde no ocurre mucho» que se renueve el gozo y la vitalidad de su vida espiritual?

Bueno, Dios está esperando—que usted espere.

Cuando aprendemos a hacerlo, el viento del Espíritu nos alzará por encima de nuestros horribles días, así como de nuestros días mundanos, y comenzaremos a *enfrentarnos*—a la esperanza. ¡Sí, lo haremos!

Estaba parada en Croacia justo al otro lado de la frontera con Bosnia, hablando con una familia de refugiados que recién se había escapado para estar a salvo. Miraban al otro lado del camino a una colina donde se encontraba su casa—una casa que acababan de abandonar cuando el enemigo entró en su pueblo. Las luces de la pequeña casita

...la canción de la alegría

destellaban en el atardecer. Apenas cuarenta y ocho horas antes, esta familia había estado viviendo como ellos querían, donde querían, y de la forma en que ellos querían. Ahora personas extrañas estaban sentadas en la mesa de su cocina revisando sus papeles personales y jugando con sus fotografías. Pronto, esos hostiles forasteros dormirían en las camas de la familia.

Miré mi reloj; era hora de entrar a la iglesia donde estábamos procesando a los nuevos refugiados. Era de noche y se ofrecía un breve servicio. Invité a la familia a participar, y ellos me siguieron adentro en el momento en que comenzaba a sonar el órgano. Sentados en los viejos bancos de iglesia, atontados por el impacto y el dolor, los refugiados me preguntaron silenciosamente con sus rostros en blanco: «¿Cómo espera que entonemos las canciones de Sión en tierra extraña?»

¿Está Dios allí, es justo, se preocupa?

Hoy día muchos de nosotros nos encontramos en ambientes extraños y en lugares y situaciones inesperadas. Por ejemplo, algunos abuelos no hubieran jamás pensado que estarían de pie en un tribunal de divorcio observando como los padres se dividen a sus nietos. ¿Cómo puede soportar una madre con la que hablé hace algún tiempo la noticia de que su hermosa hija cristiana, que recién acababa de regresar del campo misionero, se hubiera infectado con el virus del SIDA por medio de un accidente con una aguja sucia? Cuando nuestro mundo se derrumba, podríamos muy bien descubrir que nosotros también hemos perdido la confianza en Dios, en los demás, en nosotros y en la vida misma.

> **Palabras de ánimo**
>
> *"El gozo es la señal más clara de la presencia de Dios en el alma".*
>
> **—Autor anónimo—**

sólo entre nosotras

El pueblo de Dios en el Antiguo Testamento perdió su libertad, amigos y familia; algunos perdieron todo y a todos. Sufrieron terriblemente. Su esperanza y confianza en el Dios que había sido fiel a sus padres se vio gravemente a prueba. En el pasado, ellos sido la preciosa posesión de Jehová, su pueblo llamado, la niña de sus ojos. Él había hecho retroceder los mares y los ríos frente a ellos para que pudieran escaparse de sus enemigos pisando tierra firme. Había hecho que Jericó se derrumbara y los llevo triunfalmente de la esclavitud a la Tierra Prometida. Pero ahora su templo yacía en ruinas, sus líderes habían sido asesinados, sus preciosos rollos habían sido quemados, su historia había sido ridiculizada, y su Ciudad Santa había sido saqueada. Parecía como si Dios los hubiera abandonado y se hubiera olvidado de ellos. La desesperación de semejante pérdida superaba a todo lo demás.

En el pasado, ellos habían clamado: «Si Dios está de nuestra parte, ¿quién puede estar en contra nuestra?» Ahora, encogiéndose de miedo bajo los azotes de sus amos, se preguntaban miserablemente: *Si Dios está en contra de nosotros, ¿quién puede estar de nuestra parte?* Semejante miseria no conoce mucha música. En vez de cantar, se preguntaban los unos a los otros con desesperación: «¿Está Dios allí, es justo, se preocupa?» Con dolor, se preguntaban en voz alta: «¿Nos ha dejado librados a las consecuencias de nuestra propia estupidez?» «Dios nos debe de haber abandonado para siempre», decían algunos. «¡Nosotros lo rechazamos y ahora toda la evidencia sugiere que él nos ha abandonado a nosotros!» Junto a los ríos de Babilonia había muchos sauces llorones adornados con arpas.

Pero un árbol estaba vacío. Bajo su sombra, al fresco del atardecer, un hombre anciano con fuego en sus ojos estaba cantando una canción. Se la estaba cantando al pueblo de Dios, pero los babilonios que estaban custodiando a los cautivos no podían evitar escucharla también. Era una canción de consuelo, una canción de Sión, una canción de alegría. Y decía lo siguiente: «¡Consuelen, consuelen a mi pueblo! dice su Dios. Hablen con cariño a Jerusalén, y anúncienle que ya ha cumplido su tiempo de servicio, que ya ha pagado por su iniquidad, que ya ha recibido de la mano del Señor el doble por todos sus pecados» (Isaías 40.1-2).

¿Quién era este anciano? Era parte de la nación de Israel. Era un sacerdote o un músico del templo. Era un exiliado judío. Había sido llevado a Babilonia junto con todos los demás. Estaba lejos, lejos de su ciudad amada y de su templo, dulce y sagrado. Sin duda, personas que él amaba habían sido torturadas y asesinadas delante de sus ojos. Es posible que hubiera perdido todo y a todos. De modo que ¿cómo se las arreglaba para cantar una canción semejante en este lugar inesperado? ¡Y qué canción! Era una canción de estímulo y promesa divinos, una canción de abrumadora confianza en el Pastor de Israel, quien seguramente encontraría a sus ovejas perdidas y las traería nuevamente a su rebaño.

Este hombre recibía su estímulo de los escritos de Isaías, y en el medio de sus problemas pudo experimentar el gozo del Señor. Verdaderamente, el «gozo del Señor era su fuerza», porque él había encontrado un santuario dentro de su corazón donde él y su Dios caminaban y conversaban en el jardín de su alma cuando el día comenzaba a refrescar. Había encontrado una «sala de espera interior» y allí, esperándole, estaba el Dios de toda consolación.

¿Se encuentra usted bajo el árbol del dolor?

Un día, una amiga mía se despertó completamente deprimida y lagrimeando sin ninguna razón aparente. Recién cuando estaba en el trabajo, escribiendo a máquina una carta, se dio cuenta al poner la fecha que hacía un año exacto que había muerto su padre. Así que llamó a su madre y a su abuela y lloraron todas juntas. Era pena, no depresión. Y era necesario recordar a ese ser querido y llorar y volver a decir que estaban contentas de que ya no estaba sufriendo más.

Muchas veces la gente está cansada, triste o asustada porque no han enfrentado su dolor y aprendido a entrar en esa sala de espera. A veces, como mi amiga, yo no me doy cuenta de que lo que estoy experimentando es dolor. Y otras veces, nos parece que no podemos dejar de sentir pena aun cuando estamos absolutamente concientes de que eso es exactamente lo que estamos haciendo.

A veces las lágrimas u otras claves similares nos indican que estamos bajo el árbol del dolor. Para sentir pena no tenemos que haber experimentado la muerte de un ser querido. Cuando nos mudamos a un lugar nuevo lejos de lo familiar, cuando perdemos un empleo o un amigo, esas pérdidas tienen un precio. Y cuando le tenemos que decir adiós a un sueño que no ha resultado como pensábamos, también nos entristecemos.

Palabras de ánimo

"Cuando hacemos lo que sabemos hacer mejor y buscamos maneras de servir a los demás, se abren las compuertas del gozo".

Autor anónimo

Si estamos llenos de tristeza, vayamos a la sala de espera y aguardemos que el Señor nos muestre qué pérdida estamos sufriendo. Una vez que nos enfrentemos al dolor, podemos comenzar a ser consolados.

...la canción de la alegría

Cómo cantar cuando estamos bajo el árbol del dolor

¿Cómo podemos aprender a esperar que el Señor renueve nuestro gozo y fuerza cuando sufrimos pérdidas y dolor? ¿Cómo aprendemos canciones que broten de nuestro dolor y que necesitamos cantar y que los babilonios necesitan oír?

Debemos crear el espacio y el tiempo para esperar al Señor. La palabra *esperar* en Isaías 40 significa tener esperanza—¡tener una abrumadora confianza en algo! Este lugar de «esperanza» en nuestro interior es un lugar donde aprendemos las promesas de un Dios fiel que mantiene su palabra sin que importe cuán lejos nos encontremos de él. Él mismo habita este lugar. Miremos a nuestro alrededor en esta sala de espera interior, y nos daremos cuenta de que tenemos compañía. Dios es, y Dios está allí; él no se va a ninguna parte. Él nos ha prometido: «Y les aseguro que estaré con ustedes siempre, hasta el fin del mundo» (Mateo 28.20).

No importa dónde vivamos ni lo que nos haya ocurrido, no importa si lo hemos perdido todo y a todos. Allí en el lugar interior de paz dentro del creyente donde él nos espera, podemos atrevernos a comenzar a creer en un día mejor. No importa cuán espantoso nuestro dolor, siempre renace un nuevo día. «Por la noche durará el lloro, y a la mañana vendrá la alegría» (Salmo 30.4 RVR60). Las más increíbles e inspiradoras canciones de la fe jamás escritas han sido compuestas por estos amargos torrentes de dolor.

Horatio G. Spafford era un abogado sumamente exitoso de Chicago. Era un laico presbiteriano con un profundo interés en lo espiritual y disfrutaba una relación cercana con D. L. Moody y otros líderes evangélicos de esa época. Invirtió mucho dinero en propiedades junto a las orillas del Lago Michigan, pero luego ocurrieron muchos desastres imprevistos. De golpe, Horatio Spafford se encontró junto a los ríos de aguas amargas de Babilonia.

Primero falleció su hijo. Luego el incendio de Chicago de 1871 consumió sus bienes. D. L. Moody e Ira Sankey planeaban llevar a cabo una campaña en Inglaterra, y Horatio pensó que sería beneficioso para su familia tomarse un recreo, de modo que decidió que él y su esposa y sus cuatro hijas acompañarían a los evangelizadores. En el último minuto, él se retrasó debido a unos negocios y envió a su familia antes que él en el buque trasatlántico S.S. Ville du Havre, pensando reunirse con ellas tan pronto terminara lo que estaba haciendo. El 22 de noviembre hubo un accidente en el océano, y en el lapso de doce minutos, el S.S. Ville de Havre se había hundido. Días más tarde, cuando llegaron los sobrevivientes a tierra en Cardiff, Gales, la Sra. Spafford le telegrafió a su esposo: «Me salvé yo sola». Horatio partió enseguida para reunirse con ella. Mientras que estaba navegando por el océano, y cerca de donde se habían ahogado sus cuatro hijas, nació una canción, una canción que había nacido en la pena más, más profunda: la pérdida de los hijos, primero un hijo y luego sus cuatro amadas hijas. Una pérdida que seguramente resonó en la escala Richter del corazón de Horatio Spafford. Consolado por su Dios en la profundidad de su dolor, él se negó a colgar su arpa en el sauce llorón, y en cambio insistió en confiar que el Señor renovaría sus fuerzas espirituales. Estas son las palabras que escribió:

Cuando la paz, como un río me invade,
Cuando la pena rompe como las olas del mar:
No importa lo que ocurra, tú me has enseñado que
«Todo está bien, todo está bien dentro de mí».
Si todo está bien en nuestra alma, nos daremos cuenta

...la canción de la alegría

de que nuestro Dios jamás permitirá que el oleaje de tormenta que nos lance la vida, nos sumerja en la desesperación. Porque él, el Varón de Dolores, cargó nuestro pecado y nuestro dolor.

No desperdiciemos el dolor.

Mientras que escribo todo esto, me encuentro sentada junto a mis propios ríos de aguas amargas en Babilonia. Estoy en tierra extraña. Nunca jamás pensé que estaría en un lugar así. Pero le estoy pidiendo al Señor que Dios pueda, gracias a esta crisis personal, cumplir sus propósitos secretos y misteriosos en mí y a través de mí. Algo así como una semana atrás, yo estaba sentada en un avión sintiéndome muy desanimada. Él comenzó a darme una canción. No era una canción en clave mayor, sino más bien en clave menor. ¿Pero quién dice que dicha música no sea también hermosa y significativa?

Una amiga que sabía que yo estaba sufriendo, me llamó para consolarme. En el medio de nuestra conversación, ella me dijo: «Jill, no desperdicies tu dolor». La frase me llamó la atención. De modo que, aprovechando ese momento, sentí que Aquél que esperaba junto a mí me daba las palabras:

No desperdicies el dolor,
Deja que te pruebe.
No detengas las lágrimas,
Deja que te limpien.
Descansa, deja de luchar,
Pronto habrás de llegar a su regazo.
No desperdicies el dolor,
Deja que te lleve
Hacia lo más profundo en Dios.
Él te aguarda, y pregunta
¡Por qué no has venido antes!
J. B.

sólo entre nosotras

Quizás mi canción nos traiga consuelo. Dejemos de esperar todo y a todos y, en cambio, «dejemos que el dolor nos lleve hacia lo más profundo en Dios». Si lo hacemos, sé que escucharemos que él nos dice: «¡Por qué no has venido antes!»

No tratemos de entender el por qué.

Una de las cosas que tendríamos que evitar en lo posible es desperdiciar demasiada energía tratando de entender los *por qué*. «Pero eso es imposible», me parece escuchar que dice. «Tengo tantas preguntas». Bueno, quizás le podríamos hacer a Dios una pregunta diferente. ¿Qué le parece si le preguntamos *cómo* en vez de *por qué*?

Cuando el ángel Gabriel visitó a María y le dijo que tendría un bebé—y no simplemente un bebé, sino *el bebé*, aquel que todas las jóvenes judías anhelaban tener el privilegio de dar a luz, ella no preguntó por qué, sino que preguntó cómo. Habría sido muy razonable que preguntara: «¿Por qué? ¿Y por qué ahora? ¿Por qué aquí?» En cambio, ella simplemente preguntó: «¿Cómo?» La respuesta a «¿Cómo puedo hacer la voluntad de Dios en esta increíble situación?» fue bastante simple y la dio el ángel que la visitaba: «El Espíritu Santo...» De inmediato, María respondió con un feliz «Soy la sierva del Señor».

He intentado adiestrar mis reacciones para que se pudieran comportar de dicha manera tan ejemplar. Cuando mi esposo ha tenido que viajar alrededor del mundo como líder y evangelizador, he sentido la tentación de preguntar: «¿Por qué? ¿Por qué ahora? (Teníamos dos niños pequeños y madres viudas que cuidar.) Por qué aquí, lejos de la familia que me ayude, ¿por qué?» Era una lucha, pero pude comenzar a preguntar: ¿Cómo? ¿Cómo encontraré, Señor, la fuerza para vivir por encima de estas circunstancias tan difíciles? ¿Cómo puedo ser madre y padre para nuestros niños pequeños?

...la canción de la alegría

Cuando me surgía en mi mente una pregunta como: «¿Por qué no pueden ir otros hombres del equipo; por qué tiene que ser mi marido?», la contrarrestaba con: «¿Por qué *no habría* de ser mi marido? ¡Gracias, Señor, por el privilegio de estar casada con alguien a quien tú usas de manera tan extraordinaria! ¿Cómo puedo serle de ayuda en este momento? ¿Cómo puedo ser mamá y papá al mismo tiempo para que él pueda irse en paz, sabiendo que me hago cargo de las cosas en casa?»

Las respuestas de Dios a mis preguntas de cómo siempre eran las mismas. Eran las respuestas que María recibió del ángel Gabriel. El Espíritu Santo vendría sobre mí, y el poder del Altísimo me cubriría con su sombra para que yo pudiera enfrentar el desafío y hacer su voluntad.

> De modo que la próxima vez que un *por qué* comience a exigirnos que lo escuchemos, tratemos de ir corriendo a la sala de espera para que comience el *cómo*. En nuestro «lugar silencioso» interior, nuestra sala de espera, al comenzar a alabar, pondremos todos nuestros *por qué* a sus pies.
>
> Que dichas canciones de entrega y fortaleza espiritual sean canciones que aun los paganos a nuestro alrededor registren. Que podamos engendrar un gran anhelo por integridad y santidad en el corazón de nuestros oyentes.

Adaptado de HeartStrings—Finding a Song When You've Lost Your Joy *por Jill Briscoe. © 1997. Usado con permiso de Tyndale House Publishers, Inc., Wheaton, IL 60189.*

[capítulo tres]

La *invasión* de los *Que nos Arrebatan* el gozo

Los acostumbrados culpables que extinguen nuestro placer.

Stacey Padrick

*E*stán por todas partes. Podemos correr, pero no nos podemos esconder. Cada vez que sale el sol en nuestro corazón, ellos atacan, conjurando una nube oscura que apaga nuestra alegría. Incluso los mismos creyentes han sido víctimas de los arrebatadores del gozo. Amenazan a diario nuestra alegría. ¿Quiénes son y qué son?

Aquí se encuentran algunos de los culpables más infames.

La ansiedad y el miedo

«La angustia abate el corazón del hombre» (Proverbio 12.25). Cuando el peso de la ansiedad encadena nuestra mente, nuestro corazón no puede danzar con alegría. ¿Cómo podemos regocijarnos siempre y no inquietarnos por nada (Filipenses 4.4, 6) como nos exhorta Pablo? Podemos pedirle a Dios que nos revele los pensamientos angustiosos que tanto nos pesan, y luego echar sobre él nuestra carga, confiando que él nos sostendrá (Salmo 55.22).

Cuando asistí a una conferencia sobre la oración, la oradora describió «echar» o «lanzar» como lo que uno haría cuando lanza una bolsa de papas sobre un camión. Luego nos pidió que nos pusiéramos de pie, que visualizáramos las ansiedades que pesaban sobre nuestros hombros, que las tomáramos con las manos y, que con toda nuestra fuerza, le lanzáramos nuestra bolsa de preocupaciones a Dios. De inmediato, el espíritu reinante en la habitación se aligeró.

A medida que nuevas cargas amenacen con robarnos nuestra alegría, podemos continuar lanzándolas a Dios, quien «día tras día sobrelleva nuestras cargas» (Salmo 68.19).

La comparación y la codicia

El escritor de Hebreos nos advierte: «Conténtense con lo que tienen» (Hebreos 13.5). A pesar de que Dios puede verter numerosas bendiciones en nuestra vida, cuando hay codicia, nuestra alegría se acaba muy rápido.

El descontento y la falta de agradecimiento son como dos manos ávidas que jalan del tapón de nuestra bañera de alegría. Cuando nos concentramos en nuestras carencias en relación a lo que poseen los demás (una casa más grande, más clientes, mejor aspecto y salud), le estamos diciendo a Dios en silencio: «¿Por qué no me has dado lo que le diste a él? ¿Por qué no has sido tan bueno conmigo como lo eres con ella?» Cuestionamos la bondad, fidelidad y amor de Dios.

A pesar de que los demás puedan tener las bendiciones que nosotros desearíamos tener, ellas no se pueden comparar con la riqueza de gozo que Dios nos da. Reconociendo esta verdad, David exclama: «Tú has hecho que mi corazón rebose de alegría, *alegría mayor* que la que tienen los que disfrutan de trigo y vino en abundancia» (Salmo 4.7, énfasis de la autora).

Cuando elegimos el contento más que la codicia, se enriquece nuestra vida, porque «gran ganancia es la piedad

la invasión de los que nos arrebatan el gozo

acompañada de contentamiento» (1 Timoteo 6.6). El agradecimiento es como el flujo de agua y el contentamiento es el tapón del desagüe. No importa cuánto tengamos, el contento nos mantiene satisfechos. Al regocijarnos en todas las buenas cosas que Dios nos ha dado, un espíritu de gratitud colmará nuestra bañera de gozo hasta que rebose.

El pecado

El pecado nos separa de Dios, y todo aquello que nos aleje de su presencia, nos aleja de la alegría. «En tu presencia hay plenitud de gozo» (Salmo 16.11 RVR60) y «poder y alegría hay en su santuario» (1 Crónicas 16.27).

Como la carnada de un pescador, el pecado nos parece atractivo y satisfactorio. Pero una vez que lo hemos probado, nos seduce y nos esclaviza. Por el contrario, los preceptos de Dios «traen alegría al corazón» (Salmo 19.8). Cuando obedecemos, experimentamos la alegría sobrenatural e irreprochable que ningún pecado podría jamás ofrecer. Cuando andamos guiados por el Espíritu y no la carne, el fruto del gozo florece en nuestra vida (Gálatas 5.22).

Si cargamos pecado sin confesar, la mano de Dios pesa sobre nosotros día y noche (Salmos 32.4). El peso de nuestro pecado nos cubre como una gruesa manta mojada, que sofoca nuestra alegría.

Reconociendo su pecado, David oró: «Purifícame con hisopo, y quedaré limpio; lávame, y quedaré más blanco que la nieve. Anúnciame gozo y alegría» (Salmo 51.7-8). Cuando respondemos a la evidencia del Espíritu, Dios nos limpia y nos libera para que podamos, una vez más, sentir alegría.

sólo entre nosotras

Demasiada actividad y compromiso

Durante una semana especialmente ajetreada, me detuve brevemente una tarde para sentarme delante del Señor. Dándome cuenta de que algo no estaba bien, le pregunté: «¿Qué es lo que ocurre en mi interior?» Me reveló que al dedicarme a tantas cosas, no había dejado espacio para la alegría en mi corazón.

Cuando saltamos al veloz ómnibus de la actividad excesiva, pasamos como una bala por las tranquilas praderas de alegría donde Dios nos ofrece restaurarnos el alma. La actividad excesiva cobra velocidad sobre las ruedas de pensamientos tales como: «Todo depende de mí. Depende de mí encontrar un empleo nuevo, resolver su problema, garantizar un contrato, atraer a esa persona, recaudar el dinero, etc., etc. Cuando dependemos de nosotros mismos y no de Dios, no tenemos nunca tiempo para descansar.

Como la actividad excesiva, la falta de sueño es igualmente culpable de amenazar nuestra alegría. Cuando estamos cansados, tanto física como espiritualmente, hasta las bendiciones nos pueden parecer una carga. Si nuestro cuerpo carece del combustible básico que necesita para funcionar: alimentos nutritivos, sueño, tiempo para relajarnos, la alegría se va marchitando como una planta a la que le falta agua y sustancias nutritivas.

> **Palabras de ánimo**
>
> "Es algo desafortunado que un cristiano esté melancólico. Si hay una persona en el mundo que tenga el derecho de tener un rostro brillante y límpido y los ojos iluminados, es aquella cuyos pecados le han sido perdonados, que ha sido salvada mediante la salvación de Dios".
>
> **—Charles Spurgeon—**

la invasión de los que nos arrebatan el gozo

Mientras que trabajaba para terminar un libro antes de la fecha límite, me levanté temprano después de otra trasnochada más. Durante mis devociones, leí el Salmo 127:

Si el Señor no edifica la casa, en vano se esfuerzan los albañiles. En vano madrugan ustedes, y se acuestan muy tarde, para comer un pan de fatigas, porque Dios concede el sueño a sus amados. (Salmo 127.1-2)

Me imaginé a los albañiles sudorosos poniendo un ladrillo arriba del otro bajo el sol ardiente. Aunque puedan cavar, transportar la carga y martillar hasta que sus manos encallecidas comiencen a sangrar, si el Señor no es el que construye, bien podrían estar tirados en una playa bebiendo piñas coladas.

Me di cuenta de que aun acumulando numerosas noches y madrugadas, eso no me ayudaría a completar el libro de la manera que podría hacerlo el Espíritu de Dios a través de mí. Por tanto, sosteniendo el manuscrito, pedí la unción de Dios y la fuerza para terminar. Me arrepentí de mi actitud arrogante de pensar que la finalización y el éxito del libro dependían de mí. Y proclamé que sólo el Espíritu de Dios—no mi impulso ni mi agonía para encontrar las palabras, ejemplos e ideas perfectas—sería quien haría que mi escrito diera fruto y ministrara a los lectores. Le entregué la responsabilidad del libro a Dios y me concentré en serle fiel.

Cuando sujetamos demasiado las cosas

Cuando no le entregamos ciertas áreas de nuestra vida a Dios, sometemos nuestra alegría a los caprichos de las circunstancias. Luego nos sentimos tentados a controlar la fuente equivocada de nuestra alegría.

Cierta vez estuve involucrada en una relación que anhelaba mantener. Cada vez que prosperaba, me sentía contenta. Cuando tambaleaba, mi gozo se derrumbaba. Tenía miedo de entregársela por completo a Dios, ya que temía que me la arrebatara. Sin embargo, cuando traté de que «ocurriera», tratando de maniobrarla para el lado que yo deseaba que fuera, terminé frustrada y decepcionada.

==El deseo de controlar completamente nuestras circunstancias, arrebata nuestro gozo.== Una amiga mía describió a una mujer que conoce, la cual siempre quiere arreglar todo. Siempre quiere darle una ayudita a Dios para que las cosas vayan más rápido. Al describirla, mi amiga dijo: «Cuando ella se obsesiona sobre lo que es necesario arreglar en vez de creer que Dios pueda arreglarlo a su manera y a su tiempo, se pierde muchas razones para regocijarse que están justo delante de sus ojos».

Cuando Dios le pidió a Abraham que sacrificara su tesoro más querido, su hijo tan largamente esperado, el prometido, Abraham obedeció. A pesar de que no tenía idea de lo que ocurriría al escalar la montaña del sacrificio, él respondió a la pregunta de Isaac: «¿Dónde está el cordero para el holocausto?», diciendo: «El cordero, hijo mío, lo proveerá Dios» (Génesis 22.7-8). Cuando este ladrón de la alegría nos tienta a agarrar aún más fuerte las cosas, debemos mirar a Dios y responder audazmente con la fe de Abraham: «Dios mismo proveerá».

Jesús dijo que allí donde esté nuestro tesoro, allí estará también nuestro corazón. Cuando comencemos a ver a Jesús como el tesoro que nos trae muchísima más alegría que todo lo demás que tenemos agarrado con fuerza, comenzaremos a aflojar la tensión. Seremos como aquel hombre que se puso tan contento de encontrar un tesoro oculto que vendió todo lo que tenía para comprar ese terreno (Mateo 13.44).

la invasión de los que nos arrebatan el gozo

La gente sin alegría

Cuando Israel estaba celebrando el regreso del arca del pacto, «Mical, la hija de Saúl, se asomó a la ventana; y cuando vio que el rey David saltaba y danzaba con alegría, sintió por él un profundo desprecio» (1 Crónicas 15.29). La persona amargada o apesadumbrada puede sentirse celosa o cínica con respecto al espíritu de alegría en los demás. A pesar de que debemos ser sensibles a los demás, no debemos permitir que la negatividad o el cinismo envenenen nuestra alegría.

Por un tiempo, viví en un apartamento donde sentía que tenía que reducir mi alegría cada vez que entraba. El **ambiente académico** cínico en el que vivía, me tentaba a pensar que si yo no era también cínica, los demás creerían que era muy ingenua con respecto a las sobrias realidades de la vida.

El cinismo: la falta de confianza en la bondad de Dios o de los demás y sus motivos, tira agua fría sobre las llamas del gozo. Cuando nos permitimos volvernos cínicos, hacemos peligrar nuestra alegría. Ya no podemos disfrutar de los simples actos de bondad, gracia o compasión, y sospechamos siempre de que detrás existe un propósito egoísta o falta de sinceridad.

La falta de fe

Una vez leí: «Lo opuesto a la alegría no es la pena; es la incredulidad». A pesar de que la pena parecería ser el principal sospechoso en la fila de ladrones de la alegría, el verdadero culpable es la falta de fe. A pesar de que las circunstancias externas pueden causar pena, lo que creemos acerca de Dios en el medio de ellas afecta a nuestra alegría. Pablo estaba «aparentemente triste, pero siempre

sólo entre nosotras

alegre» (2 Corintios 6.10). Si la pena y la aflicción fueran los verdaderos culpables, Pablo habría sido la persona más apesadumbrada y triste del Nuevo Testamento. Sin embargo, él escribe: «En medio de todas nuestras aflicciones se desborda mi alegría» (2 Corintios 7.4).

Fácilmente las sutiles mentiras se deslizan en nuestros pensamientos, y echan raíces en nuestras creencias fundamentales. Cuando me detengo y verdaderamente escucho lo que creo, me quedo atónita. La enredadera de las mentiras de Satanás se ha enrollado en mis creencias, y ha dado el fruto putrefacto de pensamientos tales como: «Dios no sabe realmente lo que me conviene. Lo que ellos piensan de mí es más importante que lo que Dios dice». Cuando no la arrancamos de cuajo, la enredadera del engaño lentamente sofoca el fruto de la alegría.

La confianza y la fe nos ayudan a extirpar las mentiras, permitiendo que el gozo vuelva a respirar nuevamente: «En él se *regocija* nuestro corazón, porque *confiamos* en su santo nombre» (Salmo 33.21, énfasis de la autora). Pablo ora por los romanos: «Que el Dios de la esperanza los llene de toda alegría y paz a ustedes que creen en él, para que rebosen de esperanza por el poder del Espíritu Santo» (Romanos 15.13). La alegría brota de la fe. Cuando mi fe flaquea y el engaño me susurra en el oído, me dirijo a aquello que alimenta mi fe y acalla las mentiras: la Palabra de Dios (Juan 17.17; Romanos 10.17). Cuando leemos sobre la fidelidad de Dios con sus hijos en las Escrituras, nuestra fe se fortalece y se acrecienta nuestra alegría.

Rodeando a los que nos roban la alegría

¿Por qué es tan importante reconocer a los que nos arrebatan la alegría? Porque la alegría es un don de Dios

la invasión de los que nos arrebatan el gozo

(Salmo 126.3). Es nuestra propiedad, nuestro patrimonio como hijos de Dios, y una señal del Espíritu de Dios (Gálatas 5.22). En el núcleo de la alegría no sólo yace una gran bendición sino que también un importante poder espiritual. Y los ladrones del gozo reconocen eso, sobre todo el principal ladrón que «no viene más que a robar, matar y destruir» (Juan 10.10). Él no quiere más que arrebatarnos el gozo. Porque sabe—encogiéndose de miedo—lo que a menudo nos olvidamos, que «el gozo del Señor es nuestra fortaleza» (Nehemías 8.10).

Sin embargo, Jesús le prometió a sus seguidores: «Nadie les va a quitar esa alegría» (Juan 16.22). Si un ladrón de alegría acecha nuestra vida, amenazando con robar nuestro gozo, debemos comenzar por identificarlo. Luego, utilizando los recursos que Dios nos ha dado: la armadura de Dios, la Palabra de Dios, la fe, la verdad, la adoración—y la ayuda del cuerpo mediante la oración, el estímulo y la exhortación—podemos sacar corriendo a esos ladrones con nuestros gritos de alegría resonando en sus oídos.

― capítulo cuatro ―

Cómo encontrar
Gozo cuando nos Abatan
las tormentas de la vida

El ministerio está repleto de desafíos y decepciones, pero eso no tiene por qué arrebatarnos el gozo. El verdadero gozo viene cuando nos concentramos en Cristo.

Shelly Esser

Apenas unas pocas semanas antes de nuestro festival anual de misiones, el director y su familia decidieron abandonarnos y dejar la iglesia. Mi esposo, que supervisaba esa área, se quedó luchando para organizar todo en las pocas horas que quedaban antes de uno de los eventos más importantes del año. Poco tiempo después, experimentamos otra gran desilusión, y luego otra, y otra más. Las desilusiones llovían sobre nosotros desde todas las direcciones posibles. Sin mi paraguas, me estaba mojando—no empapando—en el ministerio, y no me gustaba. Sin ninguna advertencia, me rodeaban inmensas olas de decepción que amenazaban nuestro ministerio y, de repente, yo también quise abandonar la nave.

Seis meses más tarde, la desilusión aún me perseguía a todas partes y yo, mecánica y metódicamente, llevaba a cabo el ministerio. No había ningún gozo en el trayecto, ningún deleite, ningún entusiasmo como antes. Me estaba hundiendo cada vez más y entonces comencé a clamar al Señor que renovara mi corazón tan frío. Junto con David en

sólo entre nosotras

el Salmo 51.12, oré sinceramente: «Devuélveme la *alegría* de tu salvación». Cuán a menudo había yo repetido esa oración de renovación personal durante el camino.

Sin embargo, ahora me daba cuenta de que necesitaba otro tipo de renovación: la renovación y restauración del ministerio. De modo que allí comencé, sólo el Señor y yo, con una oración y un deseo muy simples y honestos: «Restaura nuevamente en mí la alegría de servirte». Es interesante notar que la renovación personal y la renovación del ministerio están vinculadas. No puede existir restauración del ministerio sin pasar primero por la restauración del alma. Cuando comencé a fijar mi mirada en el que ama a mi alma, empezó lentamente a restaurarse el ministerio.

Las tormentas del ministerio habían venido, como siempre lo hacen, pero yo había cometido el error de fijar mi mirada en la gente y los acontecimientos del ministerio en vez de fijarla en el Señor. Toda mi atención la había dirigido al mar embravecido que me rodeaba, en vez de dirigirla a Aquél que me podía ofrecer la quietud que reina en el ojo del huracán. Como Pedro caminando sobre las aguas hacia Jesús, yo también comencé a hundirme cuando vino el oleaje: mis ojos fijos en la tormenta y no en el Señor. Yo también deseaba regresar corriendo a la seguridad del barco, en vez de caminar en medio de la tormenta acompañada por una fe simple.

El ministerio está siempre lleno de cosas buenas y cosas malas; tormentas violentas de todas las magnitudes bramarán a nuestro alrededor, y a veces, nos parecerá que estamos yendo hacia atrás y no hacia delante. Pero mientras mantengamos nuestra mirada fija en Jesús, no nos ahogaremos. Sí, nos mojaremos, quizás nos empaparemos, pero debajo de todo ello estará el Dios que no cambia y que nos

...las tormentas de la vida

ayudará a pasar cada ola. Él promete no dejarnos ahogar: «Cuando cruces las aguas, yo estaré contigo; cuando cruces los ríos, no te cubrirán sus aguas» (Isaías 43.2).

El verdadero gozo viene únicamente cuando amamos al Señor con todo nuestro corazón, alma y mente. Él es la razón por la cual seguimos luchando por avanzar. Él es la razón por la cual no nos desalentamos y abandonamos la lucha. Después de todo, servir al Señor es ser fiel cuando nuestra naturaleza pecaminosa desea correr para el otro lado. Él es la razón por la cual tenemos un gozo genuino en el servicio, aun en medio de la tormenta.

> **Palabras de ánimo**
>
> «Estén siempre alegres, oren sin cesar, den gracias a Dios en toda situación, porque esta es su voluntad para ustedes en Cristo Jesús».
>
> **–1 Tesalonicenses 5.16-18–**

Yo lo tenía todo al revés: me estaba concentrando en la tripulación y no en el capitán, y toda vez que eso ocurre, nos desalentaremos. Colosenses 3.23-24 dice: «Hagan lo que hagan, trabajen de buena gana, como para el Señor y no como para nadie en este mundo, conscientes de que el Señor los recompensará con la herencia. Ustedes sirven a Cristo el Señor».

«Sí, eso es», pensé para mis adentros. Es *Cristo el Señor* a quien estoy sirviendo. El énfasis de este versículo está en *quién*, Cristo el Señor, *no* los hombres. ¡Qué magnífico! Tan a menudo confundimos nuestras prioridades.

Cuando servimos a la gente y no a Dios, comenzamos a desalentarnos, perdemos la alegría y la fuerza. ¿Por qué? Porque la gente, tarde o temprano, nos decepcionará. Nuestro servicio debe estar siempre motivado por nuestro amor a Jesús, y es en ese amor donde descubriremos el

sólo entre nosotras

gozo de nuestro servicio a él. Es debido a nuestro amor por Cristo, y no por los demás, que hacemos lo que hacemos. Sí, amamos a la tripulación, pero nunca más que al capitán. Pablo, en relación con su ministerio, decía: «El amor de Cristo nos obliga», y debe ser lo mismo para nosotros. Allí es donde encontraremos el gozo genuino y duradero. Oswald Chambers, en su libro *My Utmost for His Highest,* escribió: «Nada de lo que los demás santos hagan o digan puede perturbar jamás a aquél que está establecido en Dios».

El desaliento, si no le prestamos atención, va a finalmente amenazar nuestro ministerio y servicio para Dios, y destruirá por cierto nuestra alegría. De hecho, uno de los resultados del desaliento es la tentación de mantenernos aislados dentro de la barca, nunca confiando, nunca arriesgando, y nunca saliendo al agua. Pero debemos aprender a caminar en obediencia con Jesús a través de la tormenta, haciendo su voluntad, su deseo. Si no, podremos perdernos algunas de las sorpresas más grandes de Dios en el ministerio.

Una de las maneras en que Dios respondió a mi oración por la restauración del ministerio vino por medio de un miembro de la tripulación. Dios envió a mi pequeña barca a una amiga que necesitaba enseñanza como discípula. Estando bastante mojada, no sabía si estaba preparada para volver a decepcionarme, pero confié igualmente en Dios. Cuando salí del barco, en obediencia, y comencé nuevamente a confiar, Él comenzó a utilizar a Bonnie con poder en mi vida. Mientras observaba su crecimiento y entusiasmo, mi propia alegría comenzó a volver. *De esto se trata*, pensé, *Dios obrando y transformando vidas y permitiéndome ser parte de ello*. A lo largo de mi vida, Dios me ha recordado lo que significa caminar con él y servirle: cumplir con su voluntad en el ojo del huracán. Cuando le obedecemos, nos sorprende con su gozo y con su presencia inalterable y su paz.

No importa cuán feroz el oleaje o cuán zarandeado el viaje, podemos igualmente experimentar un gozo interior profundo que proviene de amar y servir a Dios. Por supuesto que habrá días difíciles, lluviosos y oscuros, pero el gozo genuino no es sacudido por nuestras emociones.

«*Restaura una vez más el gozo de servirte—de ser llamada por ti a este lugar, a estas circunstancias, a esta tripulación, a este momento*». Ésa ha sido mi oración y él ha sido fiel. «*Porque servimos a Cristo el Señor*», y no existe mayor alegría y privilegio, aun en medio de la tormenta.

[capítulo cinco]

¿Cuál es mi *Historia?*

Deborah Lisko, Lori Willis y Rosemarie Davis

La vida puede ser dura, lo cual puede hacer que a veces sea difícil ver las razones que tenemos para el gozo. Pero, cuando prestamos atención, podemos encontrar alegría a nuestro derredor. Tres mujeres comparten cómo han experimentado gozo en su vida, a pesar de las circunstancias difíciles que tuvieron que enfrentar. Cuando escogieron alegrarse, Dios las sorprendió con un gozo inesperado.

*H*ace dos veranos atrás, recuerdo que me sentía alegre y feliz. Habían comenzado las vacaciones escolares de nuestras hijas, así que teníamos poco que hacer y el tiempo estaba precioso. Una noche, los cuatro nos fuimos a un parque de diversiones acuáticas, y nos divertimos mucho.

Esa noche, las cosas habían cambiado. Un intenso dolor abdominal me impedía dormir, y me dolía cada vez más. Finalmente, mi esposo se despertó, y me llevó corriendo a la sala de emergencias. Cuando llegamos, me hicieron muchísimas pruebas; me sacaron además radiografías y una tomografía computada. Ésta última reveló que tenía una obstrucción del tamaño de una pelota de golf en mi colon.

sólo entre nosotras

Al día siguiente... cirugía. Dos días después... noticias aterradoras. El tumor aparentemente benigno contenía en realidad células cancerosas de lento crecimiento. Varios ganglios mostraban señales de cáncer también, de modo que los doctores recomendaron una segunda cirugía para extraer más ganglios y una sección más extensa del colon.

Bang. Todo mi mundo cambió en un instante. El cáncer siempre fue mi peor miedo. Y ahora me estaba uniendo a las filas de aquellos que habían combatido el cáncer, y posiblemente también las de aquellos que habían perdido la batalla. Me esforcé por escuchar al doctor mientras que me garantizaba que la cirugía sería la cura para mi problema, y que no necesitaría ni quimioterapia ni rayos, pero mi mente gritaba: «¡No!» mientras que trataba de procesar el diagnóstico.

> **Palabras de ánimo**
>
> "Gran parte de la alegría de la vida depende de cómo percibimos las cosas... parecería ser que, a pesar de las circunstancias, el gozo le viene a aquellos que lo buscan".
>
> –Barbara Johnson–

Y sin embargo, desde antes de la primera operación hasta el final de los doce largos días en el hospital, sentí una paz inexplicable. Una paz profunda y personal que provenía de otra parte; de *otra* persona. Y junto con ella, verdadera alegría. Cuando me despertaba cada día, susurraba: «Éste es el día en que el Señor actuó; regocijémonos y alegrémonos en él» (Salmo 118.24).

Yo sabía que la paz y la alegría no provenían de mí, ya que soy una persona que tiende a preocuparse todo el tiempo. También sabía que no era un simple alivio basado en el pronóstico positivo. Era la presencia de Dios mismo a mi lado. Y allí ha estado desde entonces—a través de las tomografías computadas de seguimiento hasta las largas caminatas por los pasillos del hospital para recibir los resultados inciertos de los oncólogos. Hoy, lo estoy alabando porque no han encontrado otros tumores, pero comprendo también que aun si los hay, su paz y su gozo nunca me dejarán.

A través de las circunstancias cambiantes, he descubierto que es verdad: ¡el gozo del Señor es mi fortaleza!

Deborah Lisko

«El convertirnos en padres de acogida no era siempre sencillo, pero la recompensa máxima por nuestra obediencia era el gozo».

Aristóteles dijo que «el temor es el dolor que surge de la anticipación del mal», pero como una mujer en el ministerio que anhela seguir a Dios, a menudo yo percibo el miedo como el dolor que surge de la anticipación de lo desconocido y lo no deseado. Durante mis meditaciones a solas, levanto una barricada para protegerme de la voluntad de Dios, construyendo muros de ansiedad y capas de interés propio, debido al temor que siento cuando pienso que Dios podría llevarme por una senda indeseada. De modo que pronuncio palabras silenciosas que dicen: «Señor, haré cualquier cosa pero...» Mis «pero» incluyen una multitud de miedos no convidados: hablar en público, trabajar con niños, servir a las personas sin hogar, irme a otro ministerio o convertirme en una misionera. Sin embargo, he aprendido que cuando entrego mi ansiedad y mis caminos a las manos de Dios, se disuelven mis miedos. El Salmo 18.32 me recuerda que es él quien me arma de valor y endereza mi camino. De hecho, cuando sigo mi propia dirección y acepto mis miedos, ¡corro el peligro de perderme las bendiciones que Dios tiene para mí!

sólo entre nosotras

Hace cuatro años, le pedí a Dios que me mostrara cómo usar mi tiempo y energía de manera más efectiva para servirle. No tenía la intención de que mi «algo» fuera algo demasiado grande; quizás una oportunidad de testificar o de ser voluntaria una vez al mes en el hospital. Sin embargo, casi de inmediato Dios puso la idea de ser padres de acogida en mis pensamientos. Yo estaba enloquecida. «¡No puedo creer que Dios quiera que seamos padres de acogida! Apenas pude manejar a mis dos hijos propios». No obstante, al poco tiempo me di cuenta de que se me había fijado un sendero. A pesar de haber pedido la dirección de Dios, me costaba mucho obedecerla. Aunque me imaginaba un cambio que era oscuro y aprensivo, cada paso que tomé en obediencia a Dios trajo luz y paz.

El convertirnos en padres de acogida no fue siempre sencillo, pero la recompensa máxima por nuestra obediencia fue el gozo. Esta alegría la encontrábamos no sólo en las relaciones que formamos con nuestros hijos de acogida, sino aún más en la relación fortalecida con Cristo. La obediencia fiel es nuestra respuesta a Jesús, «el iniciador y perfeccionador de nuestra fe, quien por el gozo que le esperaba, soportó la cruz, menospreciando la vergüenza que ella significaba, y ahora está sentado a la derecha del trono de Dios» (Hebreos 12.2). ¡Qué ejemplo que es Cristo! Al seguir la voluntad de su Padre, se concentró en la meta de gozo en medio de la oposición.

En su libro *The Practice of Godliness*, Jerry Bridges escribe: «Únicamente los cristianos tienen una razón para estar alegres, pero también es verdad que todos los cristianos *deberían* estar alegres. El verdadero gozo cristiano es un privilegio al mismo tiempo que un deber». Se nos ordena que nos regocijemos en todas las circunstancias, sabiendo que Dios está organizando todas las cosas para bien. Se podría decir que la obediencia es nuestra responsabilidad y que la alegría es su recompensa. Cuando vivimos para Jesús, a pesar de conflictos o sufrimientos, ello da como resultado gozo. Nunca he mirado hacia el pasado y lamentado haber obedecido. Aun cuando haya sido difícil, el obedecer los estímulos del Espíritu Santo y de la Palabra de Dios siempre trae alegría. Las situaciones que solían ser fuentes de ansiedad y temor se transforman en fuentes de belleza y deleite. Cuando ofrecemos todo lo que somos y tenemos a Dios, el dador de todo lo bueno, él nos transforma. Los ministerios y experiencias que nos parecían estorbos o interrupciones se convierten en el anhelo y deseo de nuestro corazón.

Cuando ingresó nuestro primer hijo de acogida a nuestro hogar y a nuestra vida, estábamos encantados. El gozo de servir a Jesús nos ayudó a pasar las luchas. Dios tomó a una temerosa madre de dos y expandió mi amor así como mi familia. Ahora, con dos hijos biológicos y nuestro nuevo hijo adoptivo, Rudy, me alegro al saber que he recibido la bendición que Dios tenía para mí gracias a la obediencia. No tengo necesidad de temer las situaciones desconocidas e indeseadas del futuro. Uno mi corazón a Pablo cuando dice: «Que el Dios de la esperanza los llene de toda alegría y paz a ustedes que creen en él» (Romanos 15.13).

Lori Willis

«'... Si no hay un lugar al que vamos en la vida que haga que las personas sacudan la cabeza, entonces no estamos probablemente en la voluntad de Dios'. Fargo es ese lugar para nosotros. Tanto mi esposo como yo hemos aprendido que si permitimos que Dios sea parte del proceso, las exigencias pueden traernos enorme alegría».

sólo entre nosotras

Nunca me imaginé que una noche inocente de cine con amigos me perseguiría. Ninguno de nosotros habíamos visto antes esa película en particular, pero nos habían asegurado de que había recibido el visto bueno de dos de los mejores comentadores de cine (Siskel y Ebert). Ésa fue la primera introducción a «Fargo» (la película). Ahora estamos viviendo en Fargo, el código postal. Honestamente, mudarnos a un lugar donde se nos congelan hasta los ojos en invierno nos puso a prueba. Muchos de nuestros amigos han expresado su sorpresa, o lo que llamamos la «Reacción Fargo», ante la ubicación de nuestro ministerio. Recuerdo uno de mis profesores de Trinity Evangelical Divinity School que decía: «Si no hay un lugar al que vamos en la vida que haga que las personas sacudan la cabeza, entonces no estamos probablemente en la voluntad de Dios». Tanto mi esposo como yo hemos aprendido que si permitimos que Dios sea parte del proceso, las exigencias pueden traernos enorme alegría.

Cuando estaba comprometida con mi esposo, él me prometió que nuestras vidas nunca serían aburridas. Nos hemos mudado ya cuatro veces en el transcurso de siete años, y verdaderamente yo estaba preparada a aburrirme. Nuestra mudanza más significativa ocurrió seis meses después de la boda, cuando nos mudamos de Waco, Texas (sí, me encantan los códigos postales prominentes) a Cambridge, Inglaterra. Mi esposo estaba en pos de un doctorado en Nuevo Testamento. Irónicamente, la tesis de mi esposo era sobre Pablo y la jactancia, pero estábamos aprendiendo que ser humildes y quebrantados eran las lecciones de aquellos años. Vimos como amigos misioneros prosperaban a medida que se adaptaban a su tercera cultura, mientras que nosotros andábamos a los tropezones aprendiendo a adaptarnos a nuestra primera cultura transoceánica. Nuestros amigos nos inspiraron cuando volvimos al ministerio de la iglesia a que nos asentáramos y disfrutáramos el trayecto.

El camino que nos condujo a Fargo estuvo cubierto de tiempos de espera. Eso dio comienzo a una aventura de dos años para restaurar mi gozo. Cuando regresamos a los Estados Unidos, estábamos ya en la etapa de ser candidatos para una iglesia de mi pueblo natal. Yo estaba muy entusiasmada con la posibilidad de regresar a casa, y la situación parecía perfecta. Sin embargo, durante el proceso de seis meses de duración y mediante consejo piadoso unánime se vio con claridad que, por el bien de la iglesia, tendríamos que detener el proceso. Yo estaba desolada. Lo que parecía bueno para la iglesia parecía devastador para nuestra familia. Sin embargo, comenzamos a darnos cuenta de que Dios nos estaba probando. Yo me sentía como un fracaso total, pero, habiendo cerrado la puerta a esa iglesia, él abrió la puerta a Fargo.

Lo que tuve que poner delante del altar de Dios no fue nuestra ida a Fargo, sino el hecho de que no nos quedaríamos en casa. Yo estaba dispuesta a ser un sacrificio vivo en mi pueblo natal, pero en Fargo, ¿en Dakota del Norte? Mi esposo es de Dallas; ¿cómo se adaptaría a la nieve y el frío? ¿Y los niños? Sería un verdadero shock para mi hijo mayor, Paul, que considera que todo lo que supere la ropa interior y una camiseta es una carga. En Cambridge, vivíamos en una de las ciudades más cosmopolitas del mundo. ¿Cómo sería ir a vivir a un estado rural? Teníamos muchísimas preguntas, pero pusimos nuestra confianza en un Dios que conoce las respuestas.

Cuando llegamos, mi primer objetivo fue aprender a disfrutar de la gente y del lugar. Es sencillo mantener un espíritu de crítica, pero es mucho más hermoso, aunque difícil, desarrollar alegría. La gente del lugar era reservada y

sólo entre nosotras

difícil de entender, un verdadero desafío para mí como persona extrovertida. Después de un año y medio, puedo ver el progreso. Puedo decir verdaderamente que disfruto de mi vida aquí. Mis hijos están prosperando, y yo estoy disfrutando los beneficios de una comunidad pequeña sin los problemas de la gran ciudad.

Mi segundo objetivo era tener un ministerio de hospitalidad. Recuerdo una noche en Inglaterra, en la que habíamos invitado a un profesor de Wheaton y su hija a cenar. Venían a las 6 de la tarde y eran las 5:45. En ese momento, mi pequeño hijo estaba agarrado de mi pierna buscando mi atención, mientras que su hermanito gritaba. Yo estaba sirviendo una sopa que requería chiles suaves, y por error le puse chiles picantes. En mi débil estado mental, mi esposo llega a casa y se encuentra con los niños a los gritos y a su esposa sosteniendo un colador de té lleno de chiles picantes. Lo único que yo pensaba todo el tiempo era: ¿Cómo se me ocurre invitar gente a mi casa con niños tan pequeños? Cuando comencé a preparar por segunda vez la cena para esa noche, me puse a reír. Y mis invitados también lo hicieron. Al final, pasamos una encantadora velada, ya que mi desastre derribó barreras y yo pude darme cuenta de lo mucho que necesitaba recibir invitados—no sólo por ellos, sino también por mí.

La Biblia dice que debemos practicar la hospitalidad. Es la mejor manera de llegar a conocer a la gente que servimos. Aquí en Fargo, tenemos noches de postres. Ponemos los niños a dormir e invitamos a ocho o diez personas para que vengan a tomar café con un sencillo postre. Es lo que

---

> **Palabras de ánimo**
>
> "La vida es algo feliz, un festival para disfrutar y no una pesadez que soportar".
>
> **–Luci Swindoll–**

más me gusta de toda mi semana. El objetivo es llegar a invitar a todos los miembros de la iglesia.

Por último, mi meta final era encontrar unas pocas buenas amigas. Gran parte de las esposas de pastores saben que es difícil tener amistades en el ministerio de la iglesia. Porque sé que lleva tiempo, busqué maneras creativas de lograr que el tiempo de espera fuera soportable. En los primeros meses después de la mudanza, antes de que mi esposo estuviera tan ocupado, tomé una clase en el centro de educación local. Era algo que siempre había querido hacer: decoración de pasteles. Me brindó la oportunidad de salir una noche a la semana, dándome la posibilidad de conocer otras mujeres con intereses similares a los míos. Mi esposo también cuida a los niños cuando voy a mi clase de gimnasia. Él, un hombre sabio, ha aprendido que si yo no estoy feliz, nadie está feliz. Ha aprendido también a no mencionar las llamadas de larga distancia, y yo, a la vez, no le presto atención a los pedidos de libros de amazon.com.

Juntos, estamos encontrando alegría en Fargo.

Rosemarie Davis.

sólo entre nosotras

asombrados. La gente llena del gozo de Dios mantiene este fruto del Espíritu a pesar de las circunstancias reinantes. La alegría no depende de las circunstancias sino de nuestra comprensión del carácter de Dios. Cuanto más creemos en Dios y en lo que él nos dice en su Palabra, tanto mayor será nuestra alegría.

Observemos a un hombre bíblico que se enfrentó con problemas extremos y que sin embargo siguió adelante con gran alegría. Leamos Hechos 16.16-24.

- ¿A dónde se dirigían Pablo y sus compañeros en la ciudad de Filipos cuando la joven esclava se les acercó por primera vez?
- ¿Por qué se enojaron tanto los amos de la joven esclava cuando Pablo echó el espíritu maligno de ella?
- ¿Qué dijeron sobre Pablo y Silas? ¿A quiénes atrajeron al ataque?
- Enumere todos los abusos físicos que soportaron estos hombres antes de encontrarse sentados a solas en el calabozo.

DETÉNGASE Y PIENSE:

- ¿Cómo respondería usted si hiciera todo lo correcto en obediencia a Dios y le sobrevinieran a pesar de ellos muchas dificultades?
- Escriba un adjetivo que describa su actitud hacia Dios.

Debido a la codicia de los amos de la esclava, Pablo y Silas fueron públicamente humillados. Se hicieron circular mentiras sobre ellos. Sufrieron terribles abusos: los desnudaron, los golpearon, los azotaron y les sujetaron los pies en el cepo en el calabozo interior. ¡Qué injusticia! Un ciudadano romano no podía ser jamás tratado de esa manera sin un juicio. ¿No le parecería justo que se sintieran enojados? Lea Hechos 16.25.

[capítulo seis]

Un sondeo más Profundo:
Cómo encontrar Gozo

Elizabeth Greene

¿Se acuerda de la canción infantil sobre el gozo? La canción declara:
Tengo gozo en lo profundo de mi corazón
Muy, muy profundo en mi corazón.
G-o-z-o en lo profundo de mi corazón
Muy, muy profundo en mi corazón.

¿Cómo hacemos nosotros, los creyentes, para lograr que esta alegría se arraigue en lo profundo de nuestra alma? Gálatas 5.22 nos dice que el Espíritu de Dios produce esta cualidad en nuestra vida. *El fruto del Espíritu es... alegría.* No tenemos que fabricar la alegría en nuestra vida. Dios la hará crecer en nuestro carácter a medida que el Espíritu nos trasforme a la imagen de Cristo.

Si examináramos nuestra actitud, ¿qué cantidad de gozo encontraríamos a diario? Por qué no nos detenemos ahora y le pedimos a Dios que incremente nuestra alegría mediante el poder de su Espíritu que obra poderosamente en nosotros.

Cuando vemos una actitud alegre en una persona que esté atravesando por serios problemas, sacudimos la cabeza

un sondeo más profundo: cómo encontrar gozo

- ¿Qué hicieron Pablo y Silas mientras estaban en la prisión?
- ¿Cómo le parece que les fue posible cantar himnos alegres a Dios?

DETÉNGASE Y PIENSE:

- ¿Qué circunstancia está usted enfrentando en este momento que le parezca terriblemente injusta?
- ¿Qué observa en la vida de Pablo y Silas que podría aplicarlo a su propia vida y situación?

Lea Hechos 16.26-34.

- ¿Por qué piensa que los prisioneros se quedaron en el calabozo después que se soltaron las cadenas?
- ¿Cómo piensa que las canciones y oraciones de Pablo y Silas influyeron a los prisioneros?
- ¿Qué les dijo Pablo al carcelero y su familia?
- Al final de la historia, ¿qué llenó el corazón del carcelero y por qué?

Un momento antes, el carcelero estaba decidido a suicidarse, luego conoció a Jesús y su corazón se llenó de gozo. Cuando el carcelero encontró a Jesucristo, encontró la alegría. ¡Qué diferencia puede traer a nuestra vida una relación con Dios!

Lea Hechos 16.40.

- Cuando Pablo y Silas salieron de la prisión, ¿a dónde se dirigieron y qué hicieron?

Qué increíble que los que tenían aún un gesto en el rostro debido al dolor, las heridas y los golpes en su cuerpo fueran los que les ofrecieron ánimo a los demás creyentes. ¡Qué alegría!

Pablo les menciona a los creyentes de Corinto que *en medio de todas nuestras aflicciones se desborda mi alegría* (2 Corintios 7.4). ¿Cómo puede ser? Cuando Jesús ora por

sólo entre nosotras

sus discípulos, le pide a Dios que ellos puedan tener su alegría en plenitud en su interior (Juan 17.13). Pablo sin duda tenía la plenitud del gozo de Dios desbordando su corazón. ¿Cuál es entonces el secreto?

Lea Juan 15.4-5, 11. Jesús nos dice que debemos permanecer en él. Cuando moramos o permanecemos en Cristo, daremos mucho fruto. Creo que el secreto de la alegría de Dios en nosotros es permanecer en Cristo. Cuando permanecemos en Cristo y obedecemos sus mandatos, él nos llena con una alegría completa.

DETÉNGASE Y PIENSE:

- ¿Está usted *permaneciendo* en Cristo Jesús? ¿Qué necesita cambiar para que usted permanezca cerca de él?
- ¿Cómo es su obediencia a Dios? ¿Dónde tiende a desviarse de su Pastor en su corazón, su mente o su voluntad?

La voluntad y el deseo de Dios para nuestra vida es que demos fruto que perdure. Dios desea ver que el gozo aumenta en nuestra vida a medida que maduramos en la fe. Pidamos nuevamente que Dios sujete nuestro corazón al suyo para que nuestra alegría pueda ser completa.

¡Qué gran deudor de la gracia,
Estoy obligado diariamente a ser!
Permite que tu bondad, como un cepo,
Sujete mi corazón errante a ti:
Inclinado a irme, Señor, lo siento,
Inclinado a abandonar al Dios que amo;
Aquí está mi corazón, tómalo y séllalo;
Séllalo para tus cortes celestiales.

(Versión libre de *Come Thou Fount of Every Blessing*)

capítulo siete

El relato de
la Moneda Mutilada

Cómo un penique rayado y olvidado se convirtió en una oportunidad para evangelizar.

Jackie Oesch

A lo largo de nuestro trayecto por la vida, todos hemos encontrado monedas abandonadas. Con frecuencia, cuando mi esposo y yo salimos a caminar a la mañana, regresamos a casa con al menos una, si no varias monedas abandonadas que hemos encontrado en el camino. Las monedas que encontramos sobre la acera son generalmente las que se han caído y era necesario levantarlas. A lo sumo, las patearon un poco de un lado a otro, pero apenas tienen unos pocos rasguños sobre las caras. Las monedas que se encuentran en las playas de estacionamiento o junto a los bordes de las aceras están más dañadas, ya que han quedado allí abandonadas y los automóviles les han pasado repetidas veces por encima. Hay otras que son las que encontramos temprano a la mañana tiradas en las intersecciones. A lo largo del día, nadie se atrevería a arriesgar la vida para levantarlas. Como resultado, están mutiladas y casi irreconocibles.

    Una tarde, la semana pasada, tuve que ir al banco. Mientras que me encontraba allí, le pregunté a la cajera si el banco conservaba las monedas mutiladas. Le expliqué que

sólo entre nosotras

estaba trabajando en un proyecto y que necesitaba como cien de esas monedas, preferiblemente peniques. Después de preguntarle al supervisor, ella me dijo que el banco no tenía ninguna y que se apartaban y destruían todas las monedas mutiladas. Mientras que ella terminaba mi trámite, sentí la necesidad de explicarle por qué estaba pidiendo las monedas. Le compartí que hablaría en un retiro de mujeres y que deseaba usar las monedas como ayuda visual para ayudar a las participantes a recordar lo que les estaba enseñando.

Muchas veces he reflexionado en cómo se parecen las monedas estropeadas y sin brillo a tantas mujeres de hoy día. Como las monedas, ellas han sido marcadas y opacadas. Se sienten solas y pisoteadas. Algunas están ya tan encorvadas y quebrantadas, que se perciben a ellas mismas como totalmente inútiles. Me pregunté si esta cajera sería una de esas mujeres.

Al percibir que había suscitado el interés de esta joven, continué compartiendo, diciéndole que muchas mujeres se han enfrentado en su pasado a una diversidad de experiencias que las han herido y dejado con cicatrices. Algunas han sido desatendidas; otras, abusadas; y aún otras abandonadas sin esperanza, como los peniques de la intersección, mutiladas más allá de toda posibilidad de reconocerlas emocionalmente.

Para algunas mujeres, el tratamiento opresivo continúa hasta que ya no pueden reconocer quiénes son. Creen

---

Palabras de ánimo

"El gozo no es lo mismo que el placer o la felicidad. El placer proviene generalmente de las cosas, y siempre por medio de los sentidos; el gozo proviene de amar a Dios y a nuestros semejantes. El placer es rápido y violento, como el destello de un relámpago. El gozo es firme y permanente, como una estrella inmóvil en el firmamento".

–Fulton J. Sheen–

el relato de la moneda mutilada

en las mentiras que les han dicho. Creen que carecen de todo valor y que su pasado ha destruido todo el valor que tenían. Ya no creen en su importancia para ellas mismas, para Dios, para su matrimonio, sus familias, sus empleos o sus ministerios. Se consideran absolutamente inútiles.

Mientras la cajera me escuchaba cortésmente, yo continué compartiendo. Las monedas mutiladas serían incrustadas en un plástico transparente y cada mujer en el retiro recibiría una para que le sirviera de recordatorio de su valor a pesar de su condición. «¿No cree», le pregunté, «que si yo trajera un penique opaco y mutilado a este banco, recibiría el *valor total* de la moneda, a pesar de su mal estado?» El penique vale un centavo. El que tiene la moneda es el que determina su valor.

Terminé diciendo que lo mismo ocurre con nosotras las mujeres. Aunque tengamos un pasado que haya quebrantado de alguna manera nuestro espíritu, o lastimado nuestros sentimientos, o golpeado a la «pequeña niña» que llevamos dentro, cuando Jesús nos mira, él nos ve como preciosas y valiosas, profundamente amadas. Él nos amó tanto que dio su vida por nosotras en la cruz y ahora nuestro valor procede completamente de él. Él ha sanado nuestro pasado. ¡Estamos perdonadas y restauradas! ¡En él tenemos todo nuestro *valor completo*!

Para entonces, la cajera ya había terminado su tarea, había depositado su lapicera y mirándome directamente a los ojos, me dijo: «Sabe, usted vino aquí hoy para decirme esto a mí. Me están diciendo cosas que no son ciertas. Me están destruyendo, y me han dicho mentiras durante tanto tiempo que he comenzado a creerlas. Necesitaba recordar que soy valiosa, que tengo importancia».

«Sí», le respondí. «Su valor está determinado por Dios, y para él, usted es un tesoro invalorable». Al marcharme, le dije: «¡No se olvide el relato de la moneda mutilada!»

sólo entre nosotras

Ese día, cuando regresé a casa, no pude evitar pensar en la historia bíblica que era la base del retiro del fin de semana venidero. Era el relato de la mujer en Lucas 13, la mujer que había estado encorvada durante dieciocho años y a quien Jesús tocó y sanó con las palabras: «Quedas libre». *¿Acaso esa mujer encorvada no estaba sentada también en la sinagoga como una de esas monedas mutiladas?*, pensé. ¿No representa acaso a mujeres de todas las profesiones y condiciones posibles que, aunque no estén físicamente rasguñadas y lastimadas, están encorvadas emocionalmente, y quizás también espiritualmente, y no pueden levantar su cabeza y caminar erguidas? ¿No representa ella a todos los millones de mujeres que desean tan desesperadamente tener un *valor completo*?

Ese día, me alejé del banco sin monedas, pero convencida de que Jesús había tocado una vida. El buscar y encontrar oportunidades para compartir el Evangelio implica un enfoque activo para conectar a las personas con Jesús. El penique me permitió traer las Buenas Nuevas a una mujer receptiva. En realidad, conectarla con Jesús ocurrió de manera natural.

Con gozo en mi corazón y determinación en mi andar, lo único que podía hacer era celebrar la bondad de Dios. Cada moneda mutilada que adquiriera sería empotrada en un plástico transparente y unida a un llavero. Una pequeña notita animaría a cada participante del retiro a mantener visible el penique como un recordatorio que, a pesar de su pasado, ella tiene un gran valor determinado por Aquél que la ha creado y redimido. ¡Ahora tiene la libertad de compartir con los demás que hayan sido estropeados y lastimados por la vida, y decirles que ellos también son profundamente amados y atesorados por el Dios Todopoderoso!

el relato de la moneda mutilada

Valor máximo gracias a Jesús

$\mathcal{S}$eñor, a veces me siento tan inútil como un penique tirado en medio de la calle. La gente pasa a mi lado por la acera y no piensan que valgo siquiera la pena para agacharse y recogerme. Después de todo, no soy más que un simple penique. Me pisan y a veces me patean o me arrastran un poco, lo cual raya mi lustre. Me siento dejada atrás, abandonada, y desearía tanto que alguien se fijara en mí y se preocupara lo suficiente como para levantarme.

A veces la vida me resulta dura, Señor. A veces me siento como un penique tirado en la playa de estacionamiento de la vida. No sólo he sido tirada y **yazgo** allí ignorada y despreciada, sino que una y otra vez me pisan las ruedas sin preocuparse por quién yo soy. Es muy doloroso cuando nos empujan y nos pisan. Estoy perdiendo mi brillo y ya no me siento atractiva como antes.

O Jesús, hay también ocasiones en las que me siento tirada y librada a mi suerte en una intersección. Existo sin que nadie se percate de mí. La vida pasa veloz a mi lado. Miro hacia arriba y tiemblo de sólo pensar lo que está por ocurrir. Me siento tan quebrantada y apaleada. Ni siquiera me reconocen ya como un penique. Apenas paso por un trauma, que ya asoma otro. Señor, por favor envía a alguien a los márgenes de mi vida. Dales la capacidad para arriesgarse y rescatarme.

Gracias, Jesús, por tu amor por mí. Tú te has inclinado y me has rescatado y me has devuelto mi brillo. Me has convertido en un penique con todo su valor. Cuando el Padre me mira a través de tu amor, a través de tu vida, muerte y resurrección, me contempla como su hija en quien se complace. En ti, Jesús, estoy sepultada. En ti, he recobrado la vida. «Pero tú, Señor, me rodeas cual escudo; tú eres mi gloria; ¡tú mantienes en alto mi cabeza!» (Salmo 3.3).

[capítulo ocho]

El rincón de los consejos: *El Ministerio* de presencia

Ingrid Lawrenz, MSW

Nuestros cuatro pollitos se acurrucaron juntos en la caja bajo la lámpara térmica. Estaban felices de haberse encontrado después de la tarea agotadora de escaparse de las cáscaras de huevos. Los alumnos en la clase de ciencia de séptimo grado de mi hijo estaban entusiasmadísimos con este proyecto. Si uno de los pollitos se separaba de los demás, se ponía frenético, y piaba muy fuerte hasta que encontraba a sus hermanitos. El hombre en el criadero donde había comprado los huevos me dijo que un pollito jamás podría sobrevivir a solas. Necesita a los demás para recibir calor, seguridad y protección. Esta verdad resuena en toda la creación y me hace acordar de las palabras de Dios: «No es bueno que el hombre esté solo» (Génesis 2.18). Nosotros también obtenemos fuerza, auxilio y consuelo en los demás. Necesitamos su presencia.

Un pastor de África que realizó sus prácticas en nuestra iglesia, hizo un comentario inquietante. Dijo que la gente en América estaba mucho más aislada, solitaria y desconectada los unos de los otros que en África. «En África, tenemos menos cosas materiales, pero tenemos más relación».

sólo entre nosotras

Esta necesidad de conectarse, de pertenecer, es fundamental. La presencia de los demás nos brinda apoyo, valentía, identidad y propósito. Ésa es la razón por la cual la gente se une a clubes, equipos, fraternidades y **patotas**. Dios entiende esta necesidad y nos ha creado de manera tal que necesitamos a la familia y a la iglesia. En Deuteronomio 31.8, él nos dice: El Señor mismo marchará al frente de ti y estará contigo; nunca te dejará ni te abandonará. No temas ni te desanimes».

Esta necesidad de conexión es la razón por la cual la gente acude instintivamente a los funerales de los seres queridos de sus amigos. Sólo van para acompañarlos, no porque ellos mismos sientan dolor. El funeral más extenso al que jamás asistí fue el de la esposa de un pastor ya jubilado. Ella falleció después de una larga enfermedad. No fue una muerte trágica ni inesperada; tampoco era ella una figura famosa y conocida. Sin embargo, la iglesia estaba repleta de gente y el servicio se extendió durante mucho tiempo porque tantas personas deseaban decir algo sobre esta mujer. Los nietos, hijos, amigos y pastores, todos relataron lo mismo. Ella siempre estaba allí cuando la necesitaban. Los recuerdos que tenían de ella eran cálidos y apreciados debido al interés que les había demostrado como personas. Deseaba conocerlos. Deseaba comprender sus vidas. Siempre recordaba cuáles eran sus platillos favoritos y qué era lo que estaban haciendo. Ella estaba siempre ansiosa por saber cómo iba todo. Aun cuando había avanzado bastante su enfermedad y ya no podía hablar, le escribía preguntas sobre cómo estaban. Siempre tenía tiempo para los demás. Y siempre estaba al lado de su esposo después de cincuenta años de matrimonio. Sus nietos desean emular ese nivel de dedicación.

A pesar de que podrían haber hecho elogios de su trael rincón de los consejos: *el ministerio* de presencia

bajo profesional y de su ministerio en la iglesia, no los hicieron. Eran algo bueno también, pero no eran los recuerdos más vívidos en el corazón de los dolientes. Lo que más les dolía era que ella ya no estaría allí para ellos, dándoles fuerza por su sola presencia. Ella se había pasado toda la vida poniendo a las personas delante de cualquier proyecto o tarea.

Cuando amamos a alguien o algo, invertimos tiempo y energía en ello. Si no se invierte tiempo en ello, el amor es barato. Si decimos: «Me encanta la jardinería», pero nunca lo hacemos, estamos utilizando palabras vanas. Si decimos que amamos a nuestros niños, pero no estamos nunca a su disposición, ¿acaso experimentan ellos nuestro amor? Si decimos que amamos a la gente de nuestra iglesia, pero no dedicamos tiempo para conocerlos, ¿es eso amor? Primera Juan 3.18 dice: «Queridos hijos, no amemos de palabra ni de labios para afuera, sino con hechos y de verdad».

Como líder en la iglesia o como esposa de pastor, nos guste o no, nosotras representamos, sobre todo a nivel subconsciente, «la iglesia» o «Dios» a muchos de los feligreses. Por lo tanto, debido a nuestro rol se le da mayor importancia a nuestra preocupación por los demás o a nuestra presencia. Cuando mostramos buena voluntad para conversar con la gente, escucharlos y mirarlos a los ojos, eso los ministra. Así como también nuestra presencia en los eventos de la iglesia o sociales aporta estímulo y estabilidad.

Todas podemos llevar a cabo este «ministerio de presencia». No se trata de ser lo que no somos. No se trata de una sensación narcisista de nuestra propia importancia. Más bien, se trata de ser quienes somos, y decidir, de manera activa, amar a los demás. No se trata de complacer a los demás, sino de desear conocerlos. No se trata de perdernos en los demás, sino de escoger caminar a su lado. No se trata

sólo entre nosotras

de renunciar a nuestros límites, sino de tener buenos límites que sean flexibles y extendernos a los demás aun cuando estemos en desacuerdo con ellos. No se trata de descuidar a la familia, sino de asegurarnos de que tienen todo lo que necesitan, de manera que podamos incluir tiempo para los demás. No se trata de satisfacer las expectativas, exigencias o necesidades ajenas. Ni tampoco se trata de compensar las heridas y el déficit de amor que experimenta la gente. Se trata más bien de hacer todo lo posible, aun cuando esto se limite a una sonrisa de bienvenida, una mirada de reconocimiento o un apretón sincero de manos.

> **Palabras de ánimo**
>
> "La persona alegre llevará a cabo más en el mismo lapso de tiempo, lo hará mejor, persistirá en ello durante más tiempo, que la persona triste o sombría".
>
> –Thomas Carlyle–

Debemos tener presente que la atención a las personas necesita sustituir el contenido de toda interacción, ya sea una charla casual, un asunto grave, o comentarios críticos. Es fácil ponerse a la defensiva o tratar de resolver el problema, ignorando por completo la relación. Esto haría que la persona se sintiera desconectada y tuviera una persistente sensación de vergüenza. Filipenses 2.3-4 dice: «No hagan nada por egoísmo o vanidad; más bien, con humildad consideren a los demás como superiores a ustedes mismos. Cada uno debe velar no sólo por sus propios intereses sino también por los intereses de los demás».

Mi hijo de séptimo grado y yo nos detuvimos en el hospital camino a casa de la escuela, para visitar a Ethel. Ella era una anciana frágil que se había resbalado y roto la cadera. Nos pudimos quedar sólo unos minutos. Ella los llenó con su charla en respuesta a la pregunta: «¿Cómo se encuentra?» Las únicas palabras que tuve fueron una breve oración al cierre de nuestra visita. Nunca me olvidaré las lágrimas que vi en sus ojos cuando nos reconoció al principio. Se sentía tan honrada por nuestra visita. No me olvidaré tampoco del sollozo que escuchamos cuando salimos de la habitación, después de que ella hubiera expresado su aprecio por habernos tomado el tiempo de visitarla. Creo que mi hijo aprendió más en ese breve intercambio que lo que pudo haber aprendido en un mes entero de clases.

Colosenses 3.14 lo dice de la mejor manera: «Por encima de todo, vístanse de amor».

[capítulo ocho]

Cómo dejar un *Legado Espiritual*

Jackie Katz

Cuando nace un bebé en una familia, la costumbre es correr a la cama de la madre, acariciar al precioso recién nacido, y hacer declaraciones sobre qué lado de la familia favorece el niño.

—¡Mira, tiene los mismos ojos de su papá!

—¡Dios mío! Es tan chiquita; ¡igual a su mamá!

Les suena conocido. Estoy segura de que sí. Porque todos hemos nacido con fuertes conexiones a nuestros antepasados. Estamos genéticamente vinculados al pasado a través de nuestros padres y sus padres, remontándonos por generaciones. Cuando veo sonreír a mi hija, capto algo de mi mamá en sus ojos y en sus pómulos. La fotografía sobre el piano muestra la mandíbula cuadrada de mi abuela, y veo la misma característica en el rostro de mi hijo. Todos somos una mezcla de las generaciones que nos han antecedido.

Sin embargo, nuestras conexiones ancestrales van más allá de unos pocos atributos fisiológicos. Se puede transmitir también un legado espiritual que tiene implicancias de grandes repercusiones en la vida de nuestros hijos y sus descendientes. En Deuteronomio 5.9-10 se encuentra explayado este principio: «Yo, el Señor tu Dios, soy un Dios celoso. Cuando los padres son malvados y me odian, yo castigo a sus hijos hasta la tercera y cuarta generación. Por el contrario, cuando me aman y cumplen mis mandamientos, les muestro mi amor por mil generaciones».

Dios pone en claro que aquellos que lo odian y se niegan a adorarlo como el único Dios verdadero reciben consecuencias, así como también las generaciones que los siguen. Por otro lado, aquellos que eligen amar a Dios y guardar sus mandamientos reciben la bendición de Dios, y esas bendiciones pasan a las generaciones siguientes. La manera en que amemos a Dios y guardemos sus mandamientos tendrá un impacto en las próximas mil generaciones venideras. Dios promete que si lo amamos y le obedecemos, él derramará su amor sobre nuestros descendientes. Esas palabras nos ofrecen una increíble perspectiva. ¡Cuando amamos a Dios, tenemos el potencial de iniciar un legado eterno de bendición para nuestros hijos, nietos y bisnietos!

La ascendencia de mi familia está registrada en un enorme libro que siempre traemos a las reuniones de familia. Está lleno de nombres, fechas e historias que relatan los orígenes de mi familia. En sus páginas se puede rastrear el legado de bendición espiritual que fue otorgado hasta la sexta generación. Se dice que mi tía tatarabuela, Tía Artelia amaba y honraba a Dios en su vida. Ella crió a mi abuelo José desde su niñez y le pasó su legado espiritual a él. José se convirtió en diácono de una pequeña iglesia rural, y a menudo le pagaba al predicador del circuito para que celebrara reuniones de avivamiento allí. Él leía fielmente su Biblia, oraba con su familia, y ayudaba a sus vecinos cuando tenían dificultades. Con todo éxito, les pasó su legado espiritual a sus hijos. Mi padre recibió ese legado y me lo entregó a mí. Yo se lo pasé a mis hijos, y ahora ellos se lo están ofreciendo a mis nietos.

Al día de hoy, seis generaciones han recibido un legado eterno de bendición que comenzó con la obediencia y amor de mi tía tatarabuela por Dios. Su vida nos cambió a todos.

¿Hemos tomado en consideración que dentro de cien años no seremos más que un tenue recuerdo en la mente de unos pocos parientes lejanos? Es posible que nuestros bisnietos recuerden nuestro nombre, pero eso será todo. Lo que *sí* continuará es el legado espiritual que les demos a nuestros hijos y a los hijos de nuestros hijos.

> **Palabras de ánimo**
>
> "El siervo alegre del Señor es una red que atrapa almas para Dios".
>
> **Madre Teresa**

Mantengamos el legado en movimiento. Tengamos la intención de pasar nuestro legado a la siguiente generación:

- Tenemos un rol importante en la retransmisión de la verdad. No permitamos que por culpa nuestra exista un hueco.
- Asumamos nuestra responsabilidad con seriedad. La siguiente generación depende de nosotras.

(Lea el Salmo 78.2-7 si necesita estímulo.)

¡Tengamos presente con qué rapidez puede tambalearse la siguiente generación sin la verdad! La verdad los protegerá de una hambruna espiritual.

La importancia de cada legado

Los legados tienen diferentes formas y caracteres, y adquieren características que son particulares de cada uno. Mi tía Artelia dejó un legado de compasión porque proveyó un hogar para el hijo de su hermano. Mi abuelo dejó un legado de trabajo arduo, liderazgo y una reputación piadosa, porque lideró y proveyó para su familia de doce miembros durante los años de la depresión. Mi padre demostró sacrificio personal y «estabilidad» cuando mi madre lo dejó a la edad de treinta y cinco años con tres hijos para criar solo. Mi propio legado es la persistencia, el cual se ha formado sobre el yunque del matrimonio y del ministerio.

Su legado será diferente. Será único y Dios lo habrá ordenado exclusivamente para sus descendientes. La manera en que usted elija expresar los principios de Dios en su experiencia diaria le dará forma al legado que les deje a sus hijos.

Los nombres de mis hijos están enumerados en el enorme libro que llevamos a las reuniones de familia. Algún día, nuestros descendientes escudriñarán los nombres, las fechas y la historia que cuenta sus orígenes. Ellos preguntarán quiénes éramos y cómo vivíamos. Dios quiera que el registro muestre que vivíamos una vida de fiel obediencia a él. Dios quiera que nuestros descendientes sean diferentes... mejores porque vivieron una vez... mejores porque yo viví una vez.

Biografías de los autores

Jill Briscoe es una escritora y conferencista muy popular que ha escrito más de cuarenta libros. Ella dirige el ministerio de medios de comunicación Telling the Truth, junto con su esposo, Stuart, y ministra a través de sus compromisos como oradora alrededor del mundo. Jill es la editora en jefe de *Sólo entre nosotras,* una revista para esposas de pastores y mujeres en el liderazgo, y presta servicio en las juntas directivas de World Relief y Christianity Today International. Jill y Stuart viven en los suburbios de Milwaukee, en el estado de Wisconsin, y tienen tres hijos grandes y trece nietos.

Mel Lawrenz es el pastor principal de Elmbrook Church en Brookfield, Wisconsin. Mel es el autor de siete libros. El más reciente es *Patterns: Ways to Develop a God-Filled Life* (Zondervan). Vive en Waukesha, Wisconsin con su esposa Ingrid y sus dos hijos adolescentes.

Stacey Padrick es la autora de *Living with Mistery: Finding God in the Midst of Unanswered Questions.* En vez de dar respuestas fáciles, su libro conduce el alma hacia aquello que realmente anhela: una más profunda intimidad con Dios. Stacey ha escrito para muchas publicaciones cristianas. Vive con los desafíos cotidianos de una enfermedad del sistema inmunológico llamada lupus sistémico. Stacey vive en San Rafael, California.

Shelly Esser ha sido la editora de *Sólo entre nosotras*, una revista para esposas de pastores y mujeres en liderazgo, durante los últimos trece años. Ha escrito numerosos artículos publicados y ministrado a mujeres durante más de veinte años. Su libro reciente: *My Cup Overflows—A Deeper Study of Psalm 23* anima a las mujeres a descubrir el amor y el cuidado que

sólo entre nosotras

Dios, como pastor, les brinda a las mujeres. Vive en el sudeste de Wisconsin con su esposo, John, y sus cuatro hijas.

Deborah Lisko es una escritora y asesora de comunicaciones. Se ha desempeñado durante cinco años como editora adjunta y escritora para *Sólo entre nosotras*, una revista para esposas de pastores y mujeres en el liderazgo. Deborah ha coordinado también la promoción de conferencias para mujeres y liderado grupos pequeños de estudios bíblicos en su iglesia. Ella y su esposo David tienen dos hijas y viven en Brookfield, Wisconsin.

Lori Willis está sirviendo activamente en su iglesia como música y mentora. Es esposa de un pastor y tiene un ministerio activo de enseñanza y charlas, así como un ministerio trabajando con niños. Lori tiene tres hijos y una hija recién adoptada de China y vive en Pacific Palisades, California.

Rosemarie Davis era pastora adjunta del ministerio de discipulado y alcance en Elmbrook Church en Brookfield, Wisconsin. Actualmente, es esposa de pastor y ayuda a su esposo George en una iglesia en Fargo, Dakota del Norte. Tienen tres hijos varones.

Elizabeth Greene tiene una maestría en educación cristiana y en el pasado se ha desempeñado como pastora del ministerio de niños en de la iglesia Elmbrook en Brookfield, Wisconsin. Elizabeth continúa activa en los ministerios de niños y mujeres a través de clases y charlas. Vive en Waukesha, Wisconsin, junto con su esposo Ryan y sus dos hijos.

Jackie Oesch ha servido con su esposo Norb, durante los últimos treinta y dos años en el ministerio. Jackie es la directora del Programa Partner para el Instituto de Liderazgo Pas-

biografías de los autores

toral en Santa Ana, California. Más recientemente, ella ha lanzado los Ministerios FullValue con el mensaje de que todos tienen un valor absoluto en Jesús. Jackie es una experimentada asesora, líder de estudios bíblicos y pequeños grupos, y ha servido como directora de los ministerios de mujeres en la Iglesia Luterana de San Juan, tanto en Bakersfield como en Orange, California. Ella y su esposo tienen cuatro hijos adultos y dos nietos y viven en Orange, California.

Ingrid Lawrenz, MSW es una trabajadora social diplomada que ha aconsejado durante diecisiete años. Ingrid ha sido esposa de pastor durante veintisiete años y es actualmente la esposa del pastor principal en la iglesia Elmbrook en los suburbios de Brookfield, Wisconsin. Ella y su esposo Mel tienen dos hijos adolescentes y viven en Waukesha, Wisconsin.

Jackie Katz recibió su adiestramiento para el ministerio en la Universidad Bíblica de Filadelfia. Es una experimentada maestra y comunicadora, consejera bíblica, y columnista de *Sólo entre nosotras*, una revista para esposas de pastores y mujeres en el liderazgo. Ella aporta una mezcla de ideas, humor y practicidad que estimula los dones de Dios de esperanza y alegría en todo lo que ella hace. Ella y su esposo han ministrado juntos durante treinta y nueve años. Tienen dos hijos adultos y siete nietos y viven en Spring Grove, Pennsylvania.